UNIDAD DIDÁCTICA 1

El contrato de trabajo:
naturaleza y características

Contenido & Objetivos

Introducción

1. **La naturaleza del contrato de trabajo**

2. **Los sujetos del contrato**

3. **La capacidad contractual**

4. **Duración del contrato**

5. **Periodo de prueba**

Los **objetivos** de esta unidad son:

1. Analizar los aspectos básicos relacionados con el contrato de trabajo.

2. Identificar los sujetos del contrato y la capacidad contractual del trabajador.

Contratación laboral: tipos

ADGD044PO Administración y gestión

EF/ADGD044PO/ABRIL/25

Anagrama «LUCHA CONTRA LA PIRATERÍA», propiedad de Unión Internacional de Escritores.

CONSEJO DE REDACCIÓN
Jorge Pérez Pérez
Rebeca Cantalapiedra Puertas

MAQUETACIÓN
Víctor de Blas Abajo
Beatriz Mateos Caballero

ILUSTRACIÓN DE CUBIERTA
Ignacio Velasco Marugán

© CEA. Ediciones Valbuena

ISBN: 978-84-1116-287-6
Depósito legal: M-3304-2025
Editado en abril de 2025
Imprime: Ediciones Valbuena, S.A.
Impreso en España. Printed in Spain

PRESENTACIÓN

Comprometidos por ofrecer una propuesta formativa ajustada a las necesidades de la sociedad y del mercado de trabajo, Ediciones Valbuena presenta este manual para la Especialidad formativa de **Contratación laboral: tipos**, perteneciente a la Familia profesional de **Administración y gestión**.

Esta **Especialidad Formativa**, con una duración asociada de 10 horas, se integra en el Catálogo de especialidades con el código ADGD044PO.

En la elaboración de los contenidos hemos pretendido garantizar la **adquisición, mejora y actualización de las competencias profesionales** requeridas en el mercado laboral, así como fomentar el **aprendizaje**.

En nuestra página web **www.adams.es** estarás al día de todo en cuanto a información sobre cursos, productos y servicios se refiere, además tendrás la opción de dirigirnos cualquier consulta o sugerencia a través de **adams@adams.es**

Esperando haber cumplido el objetivo propuesto, te expresamos nuestros mejores deseos de éxito.

Ediciones Valbuena

Índice

Iconos de Información

Definición

Nota

Importante

Resumen

Introducción

En esta unidad analizaremos la naturaleza jurídica como institución central del Derecho del Trabajo, determinando la capacidad de los contratantes –empresa y trabajador–, la duración del contrato –con especial mención de los contratos de duración determinada– y el periodo de prueba.

1. La naturaleza del contrato de trabajo

El **contrato de trabajo** es la institución central del Derecho del Trabajo, al tratarse del revestimiento jurídico que adoptan ciertas relaciones sociales de cambio cuya peculiaridad requiere ordenación jurídica específica.

En el contrato de trabajo se halla la paradoja misma de la relación laboral: **el acuerdo entre dos partes con intereses concordantes y contrapuestos a la vez**. Así, la esencia de la relación laboral que regula el contrato de trabajo se constituye, tal como establece el artículo 1 del vigente Texto Refundido de la Ley del Estatuto de los Trabajadores (TRLET), aprobado por Real Decreto Legislativo 2/2015, de 23 de octubre, por la ajenidad de los frutos del trabajo retribuido realizado voluntariamente y en régimen de dependencia.

El contrato de trabajo se constituye como un **instrumento de equilibrio** entre los intereses contrapuestos de quienes lo celebran. El característico conflicto contractual tiene aquí dimensiones de conflicto social, cuyos protagonistas son empresarios y trabajadores. El contrato de trabajo se configura como una concordancia entre discordantes: las partes deciden alcanzar una posición estable de compromiso sobre cuestiones en la que sus intereses son manifiestamente contrapuestos.

El contrato de trabajo, así definido, se caracteriza por ser un contrato **típico y nominado**, cuya denominación le distingue claramente del resto de negocios jurídicos.

Es también un contrato **recíproco y conmutativo**, con una cierta equivalencia entre las prestaciones.

Es también un contrato **oneroso**, en cuanto que es generador de obligaciones de contenido patrimonial y consensual por cuanto se perfecciona por el mero consentimiento de las partes.

Pero quizás, lo más característico del contrato de trabajo sea el hecho de estar sometido a una **extensa regulación legal y convencional**; así, al establecer el art. 3 del TRLET las fuentes de la relación laboral, hace referencia a la Ley, los convenios colectivos, el contrato de trabajo y los usos y costumbres.

2. Los sujetos del contrato

Los sujetos del contrato de trabajo son:

▶ **Empresario**

Según lo establecido en el art. 1.2 TRLET, serán empresarios las personas físicas o jurídicas, o comunidades de bienes, que reciban la prestación de servicios de los trabajadores, tal como aparecen definidos en el art. 1.1 (prestación voluntaria retribuida por cuenta ajena y en régimen de dependencia).

Lo más destacable de este concepto es la inclusión de las llamadas "comunidades de bienes", a pesar de que estas carecen de personalidad jurídica.

Finalmente, cabe reseñar que pueden ser empresarios laborales tanto los individuos o entes de derecho privado como los de derecho público.

▶ **Trabajador**

Trabajador solo puede serlo, a diferencia de lo que ocurre con el empresario, la persona física, quedando excluidos de la relación laboral, entre otros, los siguientes:

•   Quienes no se obligan personalmente a la realización del servicio, sino meramente se comprometen a la entrega de un resultado.

•   Cuando falta consentimiento contractual por tratarse de prestaciones personales obligatorias (por ejemplo, protección civil).

•   Quienes trabajan en utilidad patrimonial propia y en régimen de autoorganización (trabajadores autónomos, regulados en la Ley 20/2007, de 11 de julio, del Estatuto del Trabajo Autónomo).

 En la actualidad, proliferan las actuaciones administrativas y judiciales referidas a los llamados "falsos autónomos", es decir, supuestos en los que un trabajador aparece formalmente como autónomo cuando en realidad su relación con una empresa presenta las notas de dependencia y ajenidad características del contrato de trabajo. Estos casos son constitutivos de fraude, tanto en el ámbito laboral como en el de la Seguridad Social, como se ha puesto de manifiesto ya en algunas resoluciones judiciales (Sentencia del TSJ de Madrid 715/2019, de 19 de septiembre de 2019, y Sentencia del Tribunal Supremo 2924/2020 del 23 de septiembre, entre otras). Sirva como dato revelador de la proliferación de esta figura que la Inspección de Trabajo y Seguridad Social ha regularizado a más de 71.000 falsos autónomos en los años 2022 y 2003. Solo en el año 2022, el importe liquidatorio en esta materia ascendió a más de 256 millones de euros.

 Hay que tener en cuenta que la Ley 12/2021, de 28 de septiembre, modifica el TRLET para **garantizar los derechos laborales de las personas dedicadas al reparto en el ámbito de plataformas digitales**, estableciendo una nueva D.A. 23ª, de acuerdo con la cual se presume que constituye relación laboral la actividad de las personas que presten servicios retribuidos consistentes en el reparto o distribución de cualquier producto de consumo o mercancía, por parte de empleadoras que ejercen las facultades empresariales de organización, dirección y control de forma directa, indirecta o implícita, mediante la gestión algorítmica del servicio o de las condiciones de trabajo, a través de una plataforma digital.

- La realización de trabajos a título de amistad, benevolencia o buena vecindad.

- Las prestaciones personales en régimen de derecho público.

- La actividad que se limite, pura y simplemente, al mero desempeño del cargo de consejero o miembro de los órganos de administración en las empresas que revistan la forma jurídica de sociedad y siempre que su actividad en la empresa solo comporte la realización de cometidos inherentes a tal cargo.

- Los trabajos familiares, salvo que se demuestre la condición de asalariados de quienes los llevan a cabo. Se considerarán familiares, a estos efectos, siempre que convivan con el empresario, el cónyuge, los descendientes, ascendientes y demás parientes por consanguinidad o afinidad, hasta el segundo grado inclusive y, en su caso, por adopción.

- La prestación del servicio de transporte al amparo de autorizaciones administrativas, siempre que el transportista sea titular de tal autorización, y aun cuando los servicios se realicen de forma continuada para un mismo cargador o comercializador.

- La actividad de las personas que intervengan en operaciones mercantiles por cuenta de uno o más empresarios, siempre que queden personalmente obligados a responder del buen fin de la operación asumiendo el riesgo y ventura de la misma.

- La relación de servicio de los funcionarios públicos, que se regirá por las correspondientes normas legales y reglamentarias, así como la del personal al servicio de las Administraciones Públicas y demás entes, organismos y entidades del sector público, cuando, al amparo de una ley, dicha relación se regule por normas administrativas o estatutarias. El vigente Estatuto Básico del Empleado Público ha sido aprobado por Real Decreto Legislativo 5/2015, de 30 de octubre.

- Las prácticas externas de los estudiantes universitarios, reguladas en el Real Decreto 592/2014, de 11 de julio, por el que se regulan las prácticas académicas externas de los estudiantes universitarios. Desde 1 de enero de 2024 suponen alta y cotización en la Seguridad Social, tal como establecen los Reales Decretos Leyes 2/2023 y 8/2023.

- Las prácticas no laborales, de acuerdo con lo dispuesto en el Real Decreto 1543/2011, de 31 de octubre, por el que se regulan las prácticas no laborales en empresas. Con respecto a estas prácticas no laborales, y a las prácticas académicas indicadas en el párrafo anterior, la Disposición Adicional Quinta del Real Decreto Ley 28/2018, de 28 de diciembre, determina la inclusión en el sistema de la Seguridad Social de las personas que las realicen, aunque no tengan carácter remunerado. Desde 1 de enero de 2024 también este tipo de prácticas formativas requieren alta y cotización en la Seguridad Social, tal como establecen los Reales Decretos Leyes 2/2023 y 8/2023.

3. La capacidad contractual

La capacidad contractual del trabajador viene determinada, en primer lugar, por su edad, pudiendo distinguirse entre tres estadios (arts. 6 y 7 TRLET):

▶ **Nula**

Supone la incapacidad para celebrar un contrato de trabajo. Referida a los menores de 16 años. Se exceptúa el caso de intervención de menores en espectáculos públicos, en las condiciones establecidas en el art. 6.4 TRLET y Real Decreto 1435/1985, de 1 de agosto.

▶ **Plena**

Implica la capacidad laboral plena. Referida a personas con plena capacidad de obrar, de acuerdo con lo dispuesto en el art. 12 de la Constitución y en el art. 315 del Código Civil.

La mayoría de edad en España está fijada en 18 años, pero también tendrán plena capacidad para celebrar contratos de trabajo los mayores de 16 y menores de 18 años emancipados, ya sea por concesión de quienes ejerzan la patria potestad o por concesión judicial. Finalmente, son también plenamente capaces los mayores de 16 años que hayan obtenido del juez la concesión del beneficio de mayor edad.

▶ **Limitada**

Implica la capacidad laboral limitada. Corresponde a los mayores de 16 y menores de 18 años no emancipados. En este caso, se requerirá que viva de forma independiente y la autorización de sus padres o tutores o de la institución a cuyo cargo se hallen. También tiene capacidad laboral limitada los mayores de 18 años incapacitados civilmente.

Si el representante legal de una persona de capacidad limitada la autoriza expresa o tácitamente para realizar un trabajo, queda ésta también autorizada para ejercitar los derechos y cumplir los deberes que se derivan de su contrato y para su cesación.

También la nacionalidad limita la capacidad legal para celebrar contrato de trabajo, en los términos establecidos por la Ley Orgánica 4/2000, de 11 de enero, sobre derechos y libertades de los extranjeros en España y su integración social, teniendo en cuenta la desaparición de la obligación de obtención de permiso de trabajo para los ciudadanos de Estados miembros de la Unión Europea.

A este respecto, el Real Decreto 240/2007, de 16 de febrero, regula la entrada, libre circulación y residencia en España de ciudadanos de los Estados miembros de la Unión Europea y de otros Estados parte en el Acuerdo sobre el Espacio Económico Europeo.

Por otra parte, hay que señalar que el Real Decreto 557/2011, de 20 de abril, aprueba el Reglamento de la Ley Orgánica 4/2000, sobre derechos y libertades de los extranjeros en España y su integración social, tras su reforma por Ley Orgánica 2/2009, conteniendo la normativa de desarrollo de esta Ley en los distintos ámbitos relacionados con el trabajo de los extranjeros en España.

Finalmente, la Orden TAS 3698/2006, de 22 de noviembre, regula la inscripción de trabajadores extranjeros no comunitarios en los Servicios Públicos de Empleo y en las Agencias de Colocación, estableciendo los requisitos y la documentación que proceden en estos casos.

Por su parte, la Orden ISM/1488/2024, de 27 de diciembre, por la que se regula la gestión colectiva de contrataciones en origen para 2025.

4. Duración del contrato

La duración del contrato aparece regulada en el art. 15 TRLET, el cual establece que el contrato de trabajo podrá concertarse por tiempo indefinido o por una duración determinada. El Real Decreto Ley 32/2021, de 28 de diciembre, de medidas urgentes para la reforma laboral, la garantía de la estabilidad en el empleo y la transformación del mercado de trabajo, ha modificado sustancialmente esta materia, de modo que, a partir de 31 de marzo de 2022 –fecha de la entrada en vigor en este punto de la mencionada norma– la contratación de duración determinada solo podrá celebrarse por circunstancias de la producción o por sustitución de la persona trabajadora –como veremos en la Unidad 2–, siendo necesario que se especifiquen con precisión en el contrato la causa habilitante de la contratación temporal, las circunstancias concretas que la justifican y su conexión con la duración prevista.

No obstante, **hasta el día 31 de marzo de 2022** se mantuvo vigente la anterior normativa –si bien los contratos para obra o servicio determinados o eventuales celebrados entre 31 de diciembre de 2021 y 30 de marzo de 2022 no pudieron tener una duración superior a 6 meses– que contemplaba tres supuestos de contratación determinada:

- **Obra o servicio determinados.** Su duración máxima es de 3 años, ampliable hasta doce meses más por convenio colectivo sectorial. En caso de superar esta duración, el trabajador adquirirá la condición de fijo en la empresa, debiendo esta informar por escrito al mismo de esta circunstancia al trabajador.

  En todo caso, el trabajador podrá solicitar por escrito al Servicio Público de Empleo correspondiente, que emitirá el documento y lo pondrá en conocimiento de la empresa en la que el trabajador preste sus servicios, un certificado de los contratos de duración determinada o temporales celebrados, a los efectos de poder acreditar su condición de trabajador fijo en la empresa.

- **Circunstancias del mercado**, acumulación de tareas o exceso de pedidos. Su duración máxima es de 6 meses dentro de un periodo de 12 (ampliable por convenio colectivo sectorial hasta 12 meses dentro de un periodo de 18 meses).

- **Sustitución de trabajadores con derecho a reserva del puesto de trabajo**. Es el denominado contrato de interinidad.

5. Periodo de prueba

Podrá concertarse por escrito un período de prueba, con sujeción a los límites de duración que, en su caso, se establezcan en los convenios colectivos. En defecto de pacto en convenio, la duración del período de prueba no podrá exceder de seis meses para los técnicos titulados, ni de dos meses para los demás trabajadores. En las empresas de menos de veinticinco trabajadores el período de prueba no podrá exceder de tres meses para los trabajadores que no sean técnicos titulados.

Lo característico del periodo de prueba es que cualquiera de las partes –empresario o trabajador– puede resolver durante su vigencia la relación laboral sin alegar causa legal alguna (si bien empresario y trabajador están obligados, respectivamente, a realizar las experiencias que constituyan el objeto de la prueba); por lo demás, el trabajador tendrá todos los derechos y obligaciones inherentes a su puesto de trabajo, como si fuese de plantilla.

Será nulo el pacto que establezca un periodo de prueba cuando el trabajador haya ya desempeñado las mismas funciones con anterioridad en la empresa, bajo cualquier modalidad de contratación. No obstante, la jurisprudencia ha admitido –entre otras, Sentencias del TS 448/2014, de 20 de enero de 2014, y 6510/2008, de 23 de octubre de 2008– que cuando una persona trabajadora no ha agotado con un primer contrato de trabajo la duración prevista para el periodo de prueba en la fuente normativa o convencional de referencia, en un segundo contrato de trabajo es posible fijar un nuevo periodo de prueba con una duración que podría llegar, como máximo, al tiempo restante hasta completar la duración máxima establecida en cada caso para el periodo de prueba.

Las situaciones de incapacidad temporal, riesgo durante el embarazo, riesgo durante la lactancia natural, nacimiento y cuidado de menor y ejercicio corresponsable del cuidado del lactante, que afecten al trabajador durante el período de prueba, interrumpen el cómputo del mismo siempre que se produzca acuerdo entre ambas partes. Por otra parte, transcurrido el periodo de prueba sin que se haya producido el desistimiento, el contrato producirá plenos efectos, computándose el tiempo de los servicios prestados en la antigüedad de la persona trabajadora en la empresa.

Hay que tener en cuenta, además, que la resolución a instancia empresarial será nula en el caso de las trabajadoras por razón de embarazo, desde la fecha de inicio del embarazo hasta el comienzo del período de suspensión a que se refiere el art. 48.4 del TRLET, o maternidad, salvo que concurran motivos no relacionados con el embarazo o maternidad.

Además de la regulación general, el periodo de prueba presenta las siguientes duraciones peculiares:

- En el supuesto de los contratos temporales de duración determinada del art. 15 del TRLET, concertados por tiempo no superior a seis meses, el periodo de prueba no podrá exceder de un mes, salvo que se disponga otra cosa en convenio colectivo.

- Nueve meses en la relación laboral de carácter especial del personal de alta dirección (art. 5 del Real Decreto 1382/1985, de 1 de agosto).

- Duraciones específicas para los contratos de trabajo en prácticas celebrados hasta 30 de marzo de 2022, de dos meses o de uno, según se trate o no de un titulado superior. A partir de 31 de marzo de 2022, el contrato formativo para la práctica profesional admite un periodo de prueba con una duración máxima de un mes. También a partir de esa fecha el contrato de formación en alternancia no admitirá periodo de prueba.

- Duraciones específicas para los contratos de trabajo en prácticas, de dos meses o de uno, según se trate o no de un titulado superior.

- Dos meses en la relación laboral de carácter especial del servicio del hogar familiar.

- Seis meses, como período de adaptación, en la relación laboral de trabajadores con discapacidad que trabajen en Centros Especiales de Empleo.

El contrato de trabajo es, junto con las disposiciones legales y los convenios colectivos, una de las fuentes reguladoras de la relación laboral, entendida ésta como la que se da entre quien presta voluntariamente servicios por cuenta ajena y dentro del ámbito de organización y dirección de quien los retribuye. Esas fuentes reguladoras se rigen por los principios de norma mínima, norma más favorable e indisponibilidad.

Para que el contrato de trabajo, que puede celebrarse por escrito o de palabra, pueda celebrarse válidamente, ambas partes deben tener capacidad contractual. En el caso de la persona trabajadora, la edad mínima de acceso al trabajo es de dieciséis años. Debidamente formalizado, el contrato de trabajo debe ser comunicado al Servicio Público de Empleo, entregando además una copia básica a la representación legal de las personas trabajadoras en la empresa.

El contrato de trabajo podrá contener un periodo de prueba, cuya duración máxima establecen el Estatuto de los Trabajadores y los convenios colectivos. Este pacto deberá constar siempre por escrito.

Por último, el contrato de trabajo podrá tener una duración indefinida o determinada. En este último caso, deberá ajustarse a alguna de las modalidades contractuales temporales recogidas en el Estatuto de los Trabajadores.

Por ejemplo: una empresa de 20 trabajadores contrata a un trabajador como auxiliar administrativo, y desea incluir en el contrato un periodo de prueba. Considerando que el convenio colectivo aplicable a esa empresa no dice nada al respecto, se pregunta qué límite de duración puede tener ese periodo de prueba. Como máximo, podrá establecer un período de prueba de tres meses de duración, puesto que el trabajador no es un técnico titulado y la empresa tiene menos de 25 trabajadores.

UNIDAD DIDÁCTICA 2

Los tipos de contratos de trabajo

Contenido & Objetivos

Introducción

1. Clasificación de los contratos de trabajo

2. Los contratos de trabajo indefinidos y los incentivos a la contratación laboral vigentes en 2025

3. La contratación estable y la contratación formativa de trabajadores con discapacidad

4. El contrato fijo-discontinuo y el contrato indefinido adscrito a obras de construcción

5. Los contratos de trabajo temporales estructurales

6. Los contratos de trabajo formativos

7. El contrato temporal de fomento del empleo para personas con discapacidad

8. El contrato de relevo

9. Requisitos formales, comunicaciones y plazos para realizar contratos

10. Obligaciones en materia de Seguridad Social derivadas de la contratación laboral: afiliación y alta

Los **objetivos** de esta unidad son:

1. Conocer los principales tipos de contratos.

2. Diferenciar las modalidades contractuales temporales.

3. Analizar las obligaciones de afiliación y alta en Seguridad Social.

Introducción

En esta unidad exponemos los principales tipos de contratos de trabajo, clasificados según su duración, la jornada de trabajo –con especial atención a los contratos a tiempo parcial– y la forma.

Se estudiarán los contratos de trabajo celebrados por tiempo indefinido, núcleo central de la contratación estructural y, muy especialmente, aquellos que contienen incentivos tales como bonificaciones o reducciones en las cuotas de la Seguridad Social, como los incluidos en programas de fomento del empleo o los celebrados con personas con discapacidad.

También analizaremos dos figuras peculiares de contratación indefinida: los **contratos fijos discontinuos** y los **fijos periódicos**, estos últimos regulados como contratos a tiempo parcial.

Por otra parte, se detallan las modalidades contractuales temporales –incluyendo las novedades introducidas por la Reforma Laboral llevada a cabo por el Real Decreto Ley 32/2021– de carácter coyuntural y justificación causal, tanto subjetiva como objetiva, incluidos los contratos formativos y los de relevo.

Y, para finalizar, se analizarán las obligaciones de afiliación y alta en Seguridad Social derivadas de la contratación laboral.

1. Clasificación de los contratos de trabajo

1.1. Tipos de contratos de trabajo en función de su duración

El Real Decreto Ley 32/2021, de 28 de diciembre, ha incorporado importantes novedades en materia de contratación temporal, muy especialmente respecto de los contratos de duración determinada y de los contratos formativos. Veremos a continuación un esquema de las principales modalidades contractuales, distinguiendo entre aquellas en las que las partes han establecido una duración determinada en el momento de la celebración del contrato (contratos temporales) y aquellas otras en las que no se ha pactado duración alguna en ese momento (contratos indefinidos):

▶ **Contratación temporal**

- Contratos de duración determinada (hasta 30/03/2022):

  ⇨ Obra y servicio determinados.

  ⇨ Eventual.

  ⇨ Interinidad.

- Contratos de duración determinada (desde 31 de marzo de 2022):
  - ⇨ Circunstancias de la producción.
  - ⇨ Sustitución.
- Contratos formativos (hasta el 30 de marzo de 2022):
  - ⇨ Prácticas.
  - ⇨ Formación y aprendizaje.
- Contratos formativos (desde el 30 de marzo de 2022):
  - ⇨ Formación en alternancia.
  - ⇨ Obtención de práctica profesional.
- Fomento del empleo con trabajadores con discapacidad.
- Contrato de relevo.

▶ **Contratación indefinida**

- Contrato por tiempo indefinido ordinario.
- Contratos fijos-discontinuos.
- Contratos de fomento de la contratación indefinida de la Ley 12/2001 (celebrados antes del 11 de febrero de 2012).
- Contratación indefinida incentivada (Real Decreto Ley 1/2023 y Real Decreto 818/2021).
- Contratos incentivados con trabajadores con discapacidad.
- Contrato de relevo.

1.2. Tipos de contratos de trabajo en función de su jornada

1.2.1. El contrato de trabajo a jornada completa

El artículo 34 del TRLET establece que la duración de la jornada de trabajo será la pactada en los convenios colectivos o contratos de trabajo. No obstante, existe un límite de derecho necesario que ni los contratos ni los convenios pueden vulnerar, ya que la duración máxima de la jornada ordinaria de trabajo será de cuarenta horas semanales de trabajo efectivo de promedio en cómputo anual.

Por lo tanto, un contrato de trabajo celebrado a jornada completa será aquel en el que se acuerda una jornada de trabajo coincidente con la establecida en el convenio colectivo aplicable, que no podrá ser superior a la máxima legal, o bien ésta última si no existiera convenio colectivo de aplicación.

1.2.2. El contrato de trabajo a tiempo parcial

Por lo que hace referencia al contrato a tiempo parcial, el artículo 12 del TRLET lo define como aquel en que se haya acordado la prestación de servicios durante un número de horas al día, a la semana, al mes o al año inferior a la jornada de trabajo de un trabajador a tiempo completo comparable.

Se entenderá por trabajador a tiempo completo comparable a un trabajador a tiempo completo de la misma empresa y centro de trabajo, con el mismo tipo de contrato de trabajo y que realice un trabajo idéntico o similar. Si en la empresa no hubiera ningún trabajador comparable a tiempo completo, se considerará la jornada a tiempo completo prevista en el convenio colectivo de aplicación o, en su defecto, la jornada máxima legal.

El contrato a tiempo parcial podrá concertarse por tiempo indefinido o por duración determinada en los supuestos en los que legalmente se permita la utilización de esta modalidad de contratación, excepto en el contrato para la formación.

No obstante, el contrato a tiempo parcial se entenderá celebrado por tiempo indefinido cuando se concierte para realizar trabajos fijos y periódicos dentro del volumen normal de actividad de la empresa.

El contrato, conforme a lo dispuesto en el apartado 2 del artículo 8 del TRLET, se deberá formalizar necesariamente por escrito, en el modelo que se establezca. En el contrato deberán figurar el número de horas ordinarias de trabajo al día, a la semana, al mes o al año contratadas, así como el modo de su distribución según lo previsto en convenio colectivo. De no observarse estas exigencias, el contrato se presumirá celebrado a jornada completa, salvo prueba en contrario que acredite el carácter parcial de los servicios.

La jornada diaria en el trabajo a tiempo parcial podrá realizarse de forma continuada o partida.

La jornada de los trabajadores a tiempo parcial se registrará día a día y se totalizará mensualmente, entregando copia al trabajador, junto con el recibo de salarios, del resumen de todas las horas realizadas en cada mes, tanto las ordinarias como las complementarias. El empresario deberá conservar los resúmenes mensuales de los registros de jornada durante un periodo mínimo de cuatro años.

En caso de incumplimiento de las referidas obligaciones de registro, el contrato se presumirá celebrado a jornada completa, salvo prueba en contrario que acredite el carácter parcial de los servicios.

A) Horas extraordinarias y horas complementarias

En cuanto a las horas extraordinarias, el Real Decreto Ley 3/2012 y la Ley 3/2012 (Reforma Laboral 2012) establecieron que los trabajadores contratados a tiempo parcial podrían realizar horas extraordinarias, con el límite correspondiente aplicado sobre la jornada de trabajo en cada caso. No obstante, el Real Decreto-Ley 16/2013 restableció la situación anterior, de modo que actualmente **los trabajadores contratados a tiempo parcial únicamente podrán realizar horas extraordinarias para prevenir o reparar siniestros u otros daños extraordinarios y urgentes**.

Sin embargo, **los contratos a tiempo parcial sí pueden incluir la posibilidad de realización de las llamadas horas complementarias.** Se consideran horas complementarias aquellas cuya posibilidad de realización haya sido acordada, como adición a las horas ordinarias pactadas en el contrato a tiempo parcial, conforme al régimen jurídico establecido en el artículo 12 del TRLET y, en su caso, en los convenios colectivos sectoriales o, en su defecto, de ámbito inferior.

La realización de horas complementarias está sujeta a las siguientes reglas:

- El empresario solo podrá exigir la realización de horas complementarias cuando así lo hubiera pactado expresamente con el trabajador. El pacto sobre horas complementarias podrá acordarse en el momento de la celebración del contrato a tiempo parcial o con posterioridad al mismo, pero constituirá, en todo caso, un pacto específico respecto al contrato. El pacto se formalizará necesariamente por escrito.

- Se podrá formalizar un pacto de horas complementarias en el caso de contratos a tiempo parcial con una jornada de trabajo no inferior a diez horas semanales en cómputo anual.

- El pacto de horas complementarias deberá recoger el número de horas complementarias cuya realización podrá ser requerida por el empresario. El número de horas complementarias pactadas no podrá exceder del 30% de las horas ordinarias de trabajo objeto del contrato. Los convenios colectivos podrán establecer otro porcentaje máximo, que, en ningún caso, podrá ser inferior al citado 30 por 100 ni exceder del 60 por 100 de las horas ordinarias contratadas.

- El trabajador deberá conocer el día y la hora de realización de las horas complementarias pactadas con un preaviso mínimo de tres días, salvo que el convenio establezca un plazo de preaviso inferior.

- El pacto de horas complementarias podrá quedar sin efecto por renuncia del trabajador, mediante un preaviso de quince días, una vez cumplido un año desde su celebración, cuando concurra alguna de las siguientes circunstancias:

  ⇨ La atención de las responsabilidades familiares enunciadas en el artículo 37.5 del TRLET.

⇨ Por necesidades formativas, siempre que se acredite la incompatibilidad horaria.

⇨ Por incompatibilidad con otro contrato a tiempo parcial.

- En caso de incumplimiento de las reglas que rigen el pacto de horas complementarias, la negativa del trabajador a la realización de las mismas, pese a haber sido pactadas, no constituirá conducta laboral sancionable.

- Sin perjuicio del pacto de horas complementarias, en los contratos a tiempo parcial de duración indefinida con una jornada de trabajo no inferior a diez horas semanales en cómputo anual, el empresario podrá, en cualquier momento, ofrecer al trabajador la realización de horas complementarias de aceptación voluntaria, cuyo número no podrá superar el 15%, ampliables al 30% por convenio colectivo, de las horas ordinarias objeto del contrato. La negativa del trabajador a la realización de estas horas no constituirá conducta laboral sancionable. Estas horas complementarias no se computarán a efectos de los porcentajes de horas complementarias pactadas establecidos con carácter general.

- La jornada de los trabajadores a tiempo parcial se registrará día a día y se totalizará mensualmente, entregando copia al trabajador, junto con el recibo de salarios, del resumen de todas las horas realizadas en cada mes, tanto las ordinarias como las complementarias.

- La realización de horas complementarias habrá de respetar, en todo caso, los límites en materia de jornada y descansos establecidos en los artículos 34, apartados 3 y 4; 36.1 y 37.1, del TRLET.

- Las horas complementarias efectivamente realizadas se retribuirán como ordinarias, computándose a efectos de bases de cotización a la Seguridad Social y períodos de carencia y bases reguladoras de las prestaciones. A tal efecto, el número y retribución de las horas complementarias realizadas se deberá recoger en el recibo individual de salarios y en los documentos de cotización a la Seguridad Social.

B) Protección social

Los trabajadores a tiempo parcial tendrán los mismos derechos que los trabajadores a tiempo completo. Cuando corresponda en atención a su naturaleza, tales derechos serán reconocidos en las disposiciones legales y reglamentarias y en los Convenios colectivos de manera proporcional, en función del tiempo trabajado.

La protección social derivada de los contratos de trabajo a tiempo parcial, mejorada tras la entrada en vigor de la Ley 1/2014, de 28 de febrero, para la protección de los trabajadores a tiempo parcial y otras medidas urgentes en el orden económico y social, se regirá por el principio de asimilación del trabajador a tiempo parcial al trabajador a tiempo completo y específicamente por las siguientes reglas, contenidas en los arts. 245 a 248 del TRLGSS:

- **Cotización**

  La base de cotización a la Seguridad Social y de las aportaciones que se recaudan conjuntamente con las cuotas de aquella será siempre mensual y estará constituida por las retribuciones efectivamente percibidas en función de las horas trabajadas, tanto ordinarias como complementarias.

  La base de cotización así determinada no podrá ser inferior a las cantidades que reglamentariamente se determinen.

  Las horas complementarias cotizarán a la Seguridad Social sobre las mismas bases y tipos que las horas ordinarias.

- **Acción protectora**

  Desde 1 de octubre de 2023, tras la modificación introducida por el Real Decreto Ley 2/2023, de 16 de marzo, en el artículo 247 del TRLGSS, a efectos de acreditar los períodos de cotización necesarios para causar derecho a las prestaciones de jubilación, incapacidad permanente, muerte y supervivencia, incapacidad temporal y nacimiento y cuidado de menor se tendrán en cuenta los distintos períodos durante los cuales el trabajador haya permanecido en alta con un contrato a tiempo parcial, cualquiera que sea la duración de la jornada realizada en cada uno de ellos. Por lo tanto, actualmente ya no se aplican los coeficientes de parcialidad que han venido siendo utilizados con anterioridad para calcular los periodos de cotización de las personas trabajadoras a tiempo parcial, produciéndose así una total equiparación a estos efectos entre estas personas y las que trabajan a jornada completa.

  En la determinación de la base reguladora de las prestaciones económicas se tendrán en cuenta las siguientes reglas:

  1. La base reguladora de las prestaciones de jubilación e incapacidad permanente se calculará conforme a la regla general.

  2. La base reguladora diaria de la prestación por nacimiento y cuidado de menor será el resultado de dividir entre trescientos sesenta y cinco la suma de las bases de cotización acreditadas en la empresa en los doce meses naturales inmediatamente anteriores al mes previo al del hecho causante. Si las bases de cotización acreditadas en la empresa con anterioridad al mes previo al del hecho causante se refieren a un período inferior a doce meses, la base reguladora diaria será el resultado de dividir la suma de las bases cotizadas acreditadas entre el número de días naturales a que esas cotizaciones correspondan. En los supuestos en que la persona haya

ingresado en la empresa en el mes anterior al del hecho causante o en el mismo mes de este, para el cálculo de la base reguladora se tendrán en cuenta las reglas establecidas con carácter general en el artículo 179.2 del TRLGSS. No obstante, la prestación por nacimiento y cuidado de menor podrá reconocerse mediante resolución provisional conforme a lo previsto en el artículo 179.3 del propio TRLGSS.

3. La base reguladora diaria de la prestación por incapacidad temporal será el resultado de dividir la suma de las bases de cotización a tiempo parcial acreditadas desde la última alta, con un máximo de tres meses inmediatamente anteriores al del hecho causante, entre el número de días naturales comprendidos en el período. Para las personas con contrato fijo discontinuo la base reguladora diaria de la prestación por incapacidad temporal será el resultado de dividir la suma de las bases de cotización acreditadas desde su alta en el correspondiente régimen a consecuencia del inicio de la prestación de servicios motivado por el último llamamiento, con un máximo de tres meses inmediatamente anteriores al del hecho causante, entre el número de días naturales comprendidos en el período. La prestación económica se abonará durante todos los días naturales en que la persona beneficiaria se encuentre en la situación de incapacidad temporal.

A partir de 1 de abril de 2025, y de acuerdo con lo dispuesto en el Real Decreto Ley 11/2024, de 23 de diciembre, cuando proceda la integración de períodos durante los que no haya habido obligación de cotizar, ésta se llevará a cabo con la base mínima de cotización de entre las aplicables en cada momento, correspondiente al número de horas contratadas en último término. En cuanto al porcentaje aplicable a la base reguladora de las pensiones de jubilación e incapacidad permanente derivada de enfermedad común, se tendrán en cuenta los distintos períodos durante los cuales el trabajador haya permanecido en alta con un contrato a tiempo parcial, cualquiera que sea la duración de la jornada realizada en cada uno de ellos. También a partir de 1 de abril de 2025, se les reconocerá el complemento económico de la pensión de jubilación previsto en el artículo 210.2 del TRLGSS a los trabajadores que prolonguen su actividad con un contrato a tiempo parcial o fijo discontinuo.

Para determinar los períodos de cotización y de cálculo de la base reguladora de las prestaciones por desempleo se estará sujeto a lo que se determine reglamentariamente en su normativa específica. A estos efectos, hay que tener en cuenta que la importante Sentencia del Tribunal de Justicia de la Unión Europea de 9 de noviembre de 2017 (Asunto C-98/15) establece que el artículo 4.11, de la Directiva 79/7/CEE del Consejo, de 19 de diciembre de 1978, relativa a la aplicación progresiva del principio de igualdad de trato entre hombres y mujeres en materia de seguridad social, debe interpretarse en el sentido de que se opone a la normativa del Estado español —concretamente el artículo 4.3 del Real Decreto 625/1985, de 2 de abril— que, en el caso del trabajo a tiempo parcial vertical, son aquellos casos en los que no se prestan servicios todos los días laborables, sino solamente algunos de ellos, excluye los días no trabajados del cálculo de los días cotizados y que reduce de este modo el período de pago de la prestación por desempleo, cuando está acreditado que la mayoría de los trabajadores a tiempo parcial vertical son mujeres que resultan perjudicadas por tal normativa.

En este sentido, el Real Decreto 950/2018, de 27 de julio, modifica el artículo del Real Decreto 625/1985, de 2 de abril, para establecer que cuando las cotizaciones acreditadas correspondan a trabajos a tiempo parcial realizados al amparo del artículo 12 del TRLET, se computará el período durante el que el trabajador haya permanecido en alta con independencia de que se hayan trabajado todos los días laborables o solo parte de los mismos, y ello, cualquiera que haya sido la duración de la jornada.

La conversión de un trabajo a tiempo completo en un trabajo parcial y viceversa tendrá siempre carácter voluntario para el trabajador y no se podrá imponer de forma unilateral o como consecuencia de una modificación sustancial de condiciones de trabajo al amparo de lo dispuesto en el artículo 41.1.a) del TRLET. El trabajador no podrá ser despedido ni sufrir ningún otro tipo de sanción o efecto perjudicial por el hecho de rechazar esta conversión, sin perjuicio de las medidas que, de conformidad con lo dispuesto en los artículos 51 y 52.c) del TRLET, puedan adoptarse por causas económicas, técnicas, organizativas o de producción.

A fin de posibilitar la movilidad voluntaria en el trabajo a tiempo parcial, el empresario deberá informar a los trabajadores de la empresa sobre la existencia de puestos de trabajo vacantes, de manera que aquellos puedan formular solicitudes de conversión voluntaria de un trabajo a tiempo completo en un trabajo a tiempo parcial y viceversa, o para el incremento del tiempo de trabajo de los trabajadores a tiempo parcial. Todo ello de conformidad con los procedimientos que se establezcan en convenio colectivo. Con carácter general, las referidas solicitudes deberán ser tomadas en consideración, en la medida de lo posible, por el empresario. La denegación de la solicitud deberá ser notificada por el empresario al trabajador por escrito y de manera motivada.

Los Convenios Colectivos sectoriales y, en su defecto, de ámbito inferior, podrán establecer, en su caso, requisitos y especialidades para la conversión de contratos a tiempo completo en contratos a tiempo parcial cuando ello esté motivado principalmente por razones familiares o formativas.

1.3. Tipos de contratos en función de su forma

El artículo 8 del TRLET establece que el contrato de trabajo se podrá celebrar **por escrito o de palabra**, presumiéndose existente entre todo el que presta un servicio por cuenta y dentro del ámbito de organización y dirección de otro y el que lo recibe a cambio de una retribución a aquel.

Deberán constar por escrito:

- Los contratos de trabajo cuando así lo exija una disposición legal.

- Los contratos de prácticas y para la formación y el aprendizaje.

- Los contratos a tiempo parcial, fijos-discontinuos y de relevo y los contratos para la realización de una obra o servicio determinado.

- Los contratos por tiempo determinado cuya duración sea superior a cuatro semanas.

- Los contratos de trabajo de los pescadores.

- Los contratos de los trabajadores que trabajen a distancia –actualmente regulados por la Ley 10/2021, de 9 de julio, de trabajo a distancia, dentro de la cual destaca el denominado "teletrabajo"–.

- Los contratos de los trabajadores contratados en España al servicio de empresas españolas en el extranjero.

Por otra parte, cualquiera de las partes podrá exigir que el contrato se formalice por escrito, incluso durante el transcurso de la relación laboral.

 De no observarse la exigencia de forma escrita, el contrato de trabajo se presumirá celebrado por tiempo indefinido y a jornada completa, salvo prueba en contrario que acredite su naturaleza temporal o el carácter a tiempo parcial de los servicios.

Hay que tener en cuenta que cuando la relación laboral sea de **duración superior a cuatro semanas**, el empresario deberá **informar por escrito al trabajador**, en los términos y plazos que se establezcan reglamentariamente, sobre los elementos esenciales del contrato y las principales condiciones de ejecución de la prestación laboral, siempre que tales elementos y condiciones no figuren en el contrato de trabajo formalizado por escrito. En este sentido, el **Real Decreto 1659/1998, de 24 de julio**, establece los elementos esenciales del contrato de trabajo sobre los que el empresario deberá informar al trabajador:

31

- La identidad de las partes del contrato de trabajo.

- La fecha de comienzo de la relación laboral y, en caso de que se trate de una relación laboral temporal, la duración previsible de la misma.

- El domicilio social de la empresa o, en su caso, el domicilio del empresario y el centro de trabajo donde el trabajador preste sus servicios habitualmente. Cuando el trabajador preste sus servicios de forma habitual en diferentes centros de trabajo o en centros de trabajo móviles o itinerantes se harán constar estas circunstancias.

- La categoría o el grupo profesional del puesto de trabajo que desempeñe el trabajador o la caracterización o la descripción resumida del mismo, en términos que permitan conocer con suficiente precisión el contenido específico del trabajo.

- La cuantía del salario base inicial y de los complementos salariales, así como la periodicidad de su pago.

- La duración y la distribución de la jornada ordinaria de trabajo.

- La duración de las vacaciones y, en su caso, las modalidades de atribución y de determinación de dichas vacaciones.

- Los plazos de preaviso que, en su caso, estén obligados a respetar el empresario y el trabajador en el supuesto de extinción del contrato o, si no es posible facilitar este dato en el momento de la entrega de la información, las modalidades de determinación de dichos plazos de preaviso.

- El convenio colectivo aplicable a la relación laboral, precisando los datos concretos que permitan su identificación.

Cuando un trabajador tenga que prestar normalmente sus servicios en el extranjero la información a que se refiere el artículo 2 de este Real Decreto deberá ser completada con los siguientes extremos:

- La duración del trabajo que vaya a prestarse en el extranjero.

- La moneda en que se pagará el salario.

- Las retribuciones en dinero o en especie, tales como dietas, compensaciones por gastos o gastos de viaje, y las ventajas vinculadas a la circunstancia de la prestación de servicios en el extranjero.

- En su caso, las condiciones de repatriación del trabajador.

Por otra parte, el artículo 8.3 del TRLET establece que los empresarios están obligados a comunicar a la oficina pública de empleo, en el plazo de los diez días siguientes a su concertación y en los términos que reglamentariamente se determinen, el contenido de los contratos de trabajo que celebren o las prórrogas de los mismos, deban o no formalizarse por escrito. Esta obligación puede realizarse telemáticamente, en las condiciones reguladas en el Real Decreto 1424/2002, de 27 de diciembre y en la Orden TAS/770/2003, de 14 de marzo, a través de la aplicación Web creada a tales efectos, denominada Comunicación de la Contratación laboral (Contrat@) a la que se accede desde la dirección de la sede electrónica del Servicio Público de Empleo Estatal, https://sede.sepe.gob.es/portalSede/flows/inicio –creada por Resolución de 19 de septiembre de 2011, del Servicio Público de Empleo Estatal, por la que se crea la nueva Sede Electrónica del Organismo– o la correspondiente de la Comunidad Autónoma (en este sentido, el Real Decreto 1715/2004, de 23 de julio, establece que el procedimiento de comunicación del contenido de los contratos mediante el uso de medios telemáticos podrá ser de aplicación en las Comunidades Autónomas que hayan asumido el traspaso de la gestión realizada por el Instituto Nacional de Empleo en el ámbito del trabajo, el empleo y la formación, mientras no hayan aprobado sus propios programas, aplicaciones, diseños y estructuras de datos e impresión a utilizar en dichas comunicaciones que, en todo caso, garantizarán la comunicación al Servicio Público de Empleo Estatal de los datos definidos como obligatorios en el propio Real Decreto).

2. Los contratos de trabajo indefinidos y los incentivos a la contratación laboral vigentes en 2025

2.1. El Real Decreto Ley 1/2023: bonificaciones en las cuotas de la Seguridad Social

2.1.1. Ámbito de aplicación

Este Real Decreto-Ley tiene por objeto regular los incentivos destinados a promover la contratación laboral, así como otros programas o medidas de impulso y mantenimiento del empleo estable y de calidad financiados mediante:

- Bonificaciones en las cuotas de la Seguridad Social y por conceptos de recaudación conjunta.

- Otros instrumentos de apoyo al empleo:

  ⇨ Acuerdos por el empleo adoptados en el marco de la negociación colectiva reserva de empleo.

⇨ Cláusulas sociales en la contratación pública.

⇨ Planes de igualdad en las empresas.

⇨ Pactos locales o comarcales de empleo.

2.1.2. Entrada en vigor y transitoriedad

El Real Decreto-ley 1/2023, por lo que hace referencia a los incentivos a la contratación laboral, entró en vigor el día 1 de septiembre de 2023.

A los incentivos derivados de contratos iniciales o de la transformación de contratos temporales, suscritos con anterioridad a la fecha de entrada en vigor de este Real Decreto-ley, así como a otras bonificaciones en la cotización y a los procedimientos de otras medidas iniciados con anterioridad a esa fecha, les será de aplicación la normativa vigente en el momento de su celebración.

2.1.3. Normas derogadas a partir de 1 de septiembre de 2023

- El Real Decreto-ley 11/1998, de 4 de septiembre, por el que se regulan las bonificaciones de cuotas a la Seguridad Social de los contratos de interinidad y la disposición adicional segunda de la Ley 12/2001, de 9 de julio (bonificaciones trabajadores sustituidos).

- La disposición adicional novena de la Ley 45/2002, de 12 de diciembre (bonificaciones sustituciones de personas con discapacidad en IT).

- El artículo 1 y los apartados 4 a 8 del artículo 2, y la disposición adicional tercera de la Ley 43/2006 (bonificaciones víctimas y exclusión social). Se mantienen las de personas con discapacidad.

- El artículo 5 del Real Decreto 1430/2009, de 11 de septiembre (reducciones por cambio de puesto de trabajo en casos de enfermedad profesional).

- La disposición adicional decimoctava de la Ley 14/2011, de 1 de junio, de la Ciencia, la Tecnología y la Innovación y la disposición adicional única del Real Decreto 103/2019, de 1 de marzo, por el que se aprueba el Estatuto del personal investigador predoctoral en formación (bonificaciones a ese personal).

- Los artículos 3 y 7 de la Ley 3/2012, de 6 de julio (bonificaciones de contratos formativos).

- El artículo 107 de la Ley 18/2014, de 15 de octubre (bonificaciones SNGJ).

- La disposición adicional vigésima tercera del TRLGSS (bonificaciones en relaciones laborales especiales).

- La disposición adicional séptima de la Ley 6/2017, de 24 de octubre, de Reformas Urgentes del Trabajo Autónomo (bonificaciones por contrataciones de familiares del trabajador autónomo).

- La disposición final segunda del Real Decreto-ley 26/2018, de 28 de diciembre y el Real Decreto 302/2019, de 26 de abril, por el que se regula la compatibilidad de la pensión contributiva de jubilación y la actividad de creación artística.

- Los artículos 7 a 9 y la disposición adicional tercera del Real Decreto-ley 8/2019, de 8 de marzo (bonificaciones SE agrario, desempleados de larga duración y fijos discontinuos en turismo, comercio y hostelería).

- Las disposiciones adicionales centésima vigésima segunda y centésima vigésima tercera de la Ley 11/2020, de 30 de diciembre (bonificaciones para fijos discontinuos en turismo, comercio y hostelería y por cambio de puesto de trabajo por riesgo durante el embarazo, riesgo durante la lactancia natural o enfermedad profesional).

2.1.4. Personas destinatarias de las medidas

Personas de atención prioritaria, que figuren registradas en los servicios públicos de empleo como demandantes de servicios de empleo –salvo víctimas, discapacidad desde CEE o EL, exclusión social y Sistema Nacional de Garantía Juvenil (SNGJ)– en situación laboral de desempleadas.

Personas trabajadoras que:

- Vean transformados sus contratos en contratos indefinidos en los supuestos previstos en esta norma.

- Vean mejorada su contratación por conversión de contratos indefinidos a tiempo parcial en contratos indefinidos a tiempo completo, o de contratos fijos discontinuos en contratos indefinidos ordinarios en los supuestos previstos en esta norma.

Otros supuestos:

- Personas trabajadoras sustituidas por motivos de conciliación de la vida familiar y laboral o que cambian de puesto de trabajo por riesgos derivados del embarazo o durante la lactancia natural, así como en los supuestos de enfermedad profesional.

- Personas trabajadoras que se incorporan como socias trabajadoras o de trabajo a cooperativas y sociedades laborales.

2.1.5. Acreditación

La condición de persona destinataria de la contratación laboral incentivada deberá acreditarse:

- En el caso de las bonificaciones de cuotas, a la fecha del alta de la persona trabajadora en el régimen correspondiente de la Seguridad Social o, en su caso, a la fecha en que se produzca la variación de datos correspondiente a partir de la cual se produzca el inicio de la aplicación de la bonificación.

- En el caso de las subvenciones públicas, a la fecha de celebración del contrato incentivado.

El contrato deberá celebrarse siempre en MODELO OFICIAL.

2.1.6. Definiciones

- **Personas de atención prioritaria**: las personas incluidas en alguno de los colectivos de atención prioritaria para la política de empleo previstos en el texto refundido de la Ley de Empleo.

- **Personas con discapacidad**: las definidas como tales en el texto refundido de la Ley General de derechos de las personas con discapacidad y de su inclusión social, aprobado por el Real Decreto Legislativo 1/2013, de 29 de noviembre.

- **Personas con discapacidad que presentan mayores dificultades de acceso al mercado de trabajo**: las personas con parálisis cerebral, con trastorno de la salud mental, con discapacidad intelectual o con trastorno del espectro del autismo, con un grado de discapacidad reconocido igual o superior al 33 por ciento; así como las personas con discapacidad física o sensorial con un grado de discapacidad reconocido igual o superior al 65 por ciento.

- **Personas en riesgo o situación de exclusión social**: quienes se hallen incluidas en alguno de los colectivos relacionados en el artículo 2.1 de la Ley 44/2007, de 13 de diciembre, para la regulación del régimen de las empresas de inserción, así como cualquier otro colectivo que, por sus características y situación socio económica tenga acreditada esta condición por los servicios sociales u órganos competentes.

- **Mujeres víctimas de violencia de género**: las mujeres que acrediten dicha situación de conformidad con lo previsto en el artículo 23 de la Ley Orgánica 1/2004, de 28 de diciembre, de Medidas de Protección Integral contra la Violencia de Género.

- **Mujeres víctimas de trata de seres humanos, de explotación sexual o laboral y mujeres en contextos de prostitución**: las mujeres que acrediten dicha situación mediante informe de un servicio público encargado de la atención integral a las víctimas de trata, explotación sexual o laboral y mujeres en contextos de prostitución o por entidades sociales especializadas debidamente reconocidas por las Administraciones Públicas competentes en la materia, de acuerdo con lo dispuesto en el artículo 47 del Real Decreto-ley 6/2022, de 29 de marzo, por el que se adoptan medidas urgentes en el marco del Plan Nacional de respuesta a las consecuencias económicas y sociales de la guerra en Ucrania.

- **Mujeres víctimas de violencias sexuales**: las mujeres mayores de 16 años que acrediten dicha situación de conformidad con lo previsto en el artículo 37 de la Ley Orgánica 10/2022, de 6 de septiembre, de garantía integral de la libertada sexual.

- **Víctimas del terrorismo**: las personas que acrediten dicha condición de acuerdo con lo dispuesto en el artículo 34 de la Ley 29/2011, de 22 de septiembre, de Reconocimiento y Protección Integral a las Víctimas del Terrorismo.

2.1.7. Beneficiarios de las medidas

- Las empresas u otros empleadores.

- Las personas trabajadoras por cuenta propia o autónomas.

- Las sociedades laborales o cooperativas por la incorporación de personas socias trabajadoras o de trabajo.

- Las entidades públicas y privadas sin ánimo de lucro, salvo las Administraciones Públicas (art. 2 Ley 40/2015) que no sean CEE, Empresas de Inserción, o en los supuestos de personal investigador predoctoral.

2.1.8. Requisitos de los beneficiarios

- No haber sido inhabilitado para obtener subvenciones y ayudas públicas y para gozar de beneficios e incentivos fiscales o de la Seguridad Social, de acuerdo con el artículo 33.7.f) del CP.

- No haber sido excluido del acceso a las ayudas, subvenciones, bonificaciones y beneficios derivados de la aplicación de los programas de empleo o formación profesional para el empleo, por la comisión de infracciones graves o muy graves no prescritas (arts. 46 y 46 bis TRLISOS) o, respecto de las subvenciones públicas, por la comisión de infracciones graves o muy graves no prescritas, de conformidad con lo previsto en los artículos 62 y 63 de la Ley 38/2003, de 17 de noviembre, General de Subvenciones.

- Hallarse al corriente en el cumplimiento de sus obligaciones tributarias en el momento del alta o variación de datos. Se considerará que los certificados emitidos por vía telemática por el órgano competente tendrán un plazo de validez de seis meses desde su emisión, quedando acreditado el cumplimiento del citado requisito durante la totalidad de dicho plazo.

- Encontrarse al corriente en el cumplimiento de sus obligaciones con la Seguridad Social. En caso de haber iniciado la bonificación, se perderá respecto de los periodos en los que no se esté al corriente.

- Contar con el correspondiente plan de igualdad (artículo 45 de la Ley Orgánica 3/2007), debidamente registrado (artículo 11 del Real Decreto 901/ 2020).

2.1.9. Mantenimiento en el empleo

El beneficiario deberá mantener a la persona destinataria de estas medidas en situación de alta, o asimilada a la de alta con obligación de cotizar al menos tres años desde la fecha de inicio del contrato, transformación o incorporación bonificados.

No se tendrán en cuenta las extinciones de contratos de trabajo por:

- Causas objetivas.

- Despidos disciplinarios que no hayan sido declarados o reconocidos como improcedentes.

- Despidos colectivos que no hayan sido declarados no ajustados a derecho.

- Extinciones causadas por dimisión, jubilación, muerte o incapacidad permanente total, absoluta o gran invalidez de las personas trabajadoras, o por resolución del período de prueba.

- Jubilación, muerte o incapacidad permanente total, absoluta o gran invalidez del empresario.

- Expiración del tiempo convenido.

- Fin del llamamiento de personas trabajadoras con contrato fijo-discontinuo.

- En el caso de subrogaciones, por las causas legales estipuladas.

- Extinciones de contratos a personas trabajadoras con discapacidad de CEE que pasen de prestar sus servicios en centros especiales de empleo a la empresa ordinaria.

2.1.10. Pérdida de los incentivos

El incumplimiento de las obligaciones de mantenimiento del alta, o de la situación asimilada al alta con obligación de cotizar, en el régimen correspondiente de la Seguridad Social, determinará la pérdida del derecho a los correspondientes beneficios.

Procederá la devolución de todas las cantidades dejadas de ingresar con el recargo y los intereses de demora correspondientes, según lo establecido en las normas recaudatorias en materia de Seguridad Social.

2.1.11. Cuantías de los beneficios (aspectos generales)

Las bonificaciones se aplicarán respecto del importe de las aportaciones empresariales a la cotización a la Seguridad Social por todos los conceptos (CC, CP, Des, FOGAS, FP) teniendo como límite, en cualquier caso, el 100 por 100 del importe de dichas aportaciones. En el caso de que la bonificación no procede durante todo un mes natural completo, se aplicará proporcionalmente, dividiendo entre 30.

Los incentivos en los contratos a tiempo parcial se reducirán proporcionalmente en función de la jornada establecida, sin que pueda ser ésta inferior al 50 por 100 de una jornada completa. Si no alcanza ese porcentaje, no habrá bonificación, pero el tiempo computará para su duración máxima, salvo discapacidad, conciliación o ejercicio del derecho de huelga.

En caso de sucesión de empresa o de jubilación parcial, se mantienen los incentivos y las obligaciones relacionas con los mismos.

2.1.12. Exclusiones

- Relaciones laborales de carácter especial previstas en el artículo 2 TRLET u otras disposiciones legales, con la excepción de la relación laboral de personas trabajadoras con discapacidad en centros especiales de empleo y la del servicio del hogar familiar, respecto de los beneficios previstos legalmente, así como la de las personas penadas en las instituciones penitenciarias y las personas menores incluidos en el ámbito de aplicación de la Ley Orgánica 5/2000, de 12 de enero, reguladora de la responsabilidad penal de los menores, en los términos señalados en la disposición transitoria segunda.

  ⇨ NO aplica en el caso de personas con discapacidad.

- Contrataciones que afecten al cónyuge, ascendientes, descendientes y demás parientes por consanguinidad o afinidad, hasta el segundo grado inclusive, del empresario o de quienes tengan el control empresarial, ostenten cargos de dirección o sean miembros de los órganos de administración de las entidades o de las empresas que revistan la forma jurídica de sociedad, así como las que se produzcan con estos últimos.

  ⇨ NO aplica en el caso de personas con discapacidad.

- Contrataciones realizadas con personas trabajadoras que en los doce meses anteriores a la fecha de alta de la persona trabajadora en el correspondiente régimen de la Seguridad Social hubiesen prestado servicios en la misma empresa o entidad mediante un contrato por tiempo indefinido, o en los últimos seis meses mediante un contrato de duración determinada o un contrato formativo, cualquiera que sea su modalidad y la duración de su jornada.

⇨ No se aplicará en los supuestos de transformación de contratos que estén incentivados con arreglo al propio Real Decreto-ley.

⇨ En el caso de personas con discapacidad, solamente aplica esta exclusión si el contrato previo era indefinido.

⇨ No aplica en el caso de personas con discapacidad con mayores dificultades para el acceso al mercado de trabajo.

⇨ Tampoco se aplicará a los contratos de duración determinada que se celebren con personas desempleadas para la sustitución de personas trabajadoras en los supuestos previstos en el artículo 17 –nacimiento, riesgos durante el embarazo y la lactancia, entre otros– así como a los sucesivos contratos realizados sin solución de continuidad cuando la persona sustituta y sustituida coincidan con las del primer o anterior contrato de sustitución.

• Personas trabajadoras que hayan causado baja en el correspondiente régimen de la Seguridad Social con un contrato de trabajo indefinido para otro empleador en un plazo de tres meses previos a la fecha del alta en el correspondiente régimen de la Seguridad Social con el contrato incentivado. Esta exclusión no se aplicará cuando la finalización del contrato sea por despido reconocido o declarado improcedente, o por despido colectivo.

⇨ Lo dispuesto en este apartado será también de aplicación en el supuesto de vinculación laboral anterior de la persona trabajadora con empleadores a los que la persona solicitante de los incentivos haya sucedido en virtud de lo establecido en el artículo 44 TRLET.

⇨ En el caso de personas con discapacidad, no aplica esta exclusión cuando se trate de personas trabajadoras con discapacidad procedentes de centros especiales de empleo, tanto en lo que se refiere a su incorporación a una empresa ordinaria, como en su posible retorno al centro especial de empleo de procedencia o a otro centro especial de empleo. Tampoco será de aplicación dicha exclusión en el supuesto de incorporación a una empresa ordinaria de personas con discapacidad en el marco del programa de empleo con apoyo.

⇨ No aplica en el caso de personas con discapacidad con mayores dificultades para el acceso al mercado de trabajo.

2.1.13. Consecuencias de la extinción de los contratos

Los empleadores que hayan extinguido o extingan por despido reconocido o declarado improcedente o por despido colectivo contratos incentivados quedarán excluidos por un periodo de doce meses de los incentivos a la contratación. La citada exclusión afectará a un número de contratos igual al de las extinciones producidas.

El periodo de exclusión se contará a partir del reconocimiento o de la declaración de improcedencia del despido o de la extinción derivada del despido colectivo.

2.1.14. Incompatibilidades

Cuando se pueda dar lugar simultáneamente a la inclusión en más de uno de los supuestos para los que están previstos beneficios en la cotización, solo será posible disfrutarlos respecto de uno de ellos, a opción del beneficiario en el momento de la solicitud del alta, o de la variación de datos.

Si la opción del beneficiario, ejercida como una variación de datos cuando se tenía derecho a otra bonificación inicial distinta, la opción por esas bonificaciones supondrá la suspensión en la aplicación de la otra bonificación y no se interrumpirá el periodo de cómputo para la primera.

Sin perjuicio de lo indicado anteriormente, las bonificaciones por contrataciones formativas de formación en alternancia serán compatibles con las de la actividad formativa en los mismos cuando sea desarrollada en el ámbito de la empresa.

2.1.15. Concurrencia de beneficios

Las bonificaciones previstas en el Real Decreto-ley 1/2023 no podrán, en concurrencia con otras medidas de apoyo público establecidas para la misma finalidad, superar el 60 por 100 del coste salarial anual correspondiente al contrato que se bonifica, salvo en el caso de los trabajadores con discapacidad contratados por los CEE, en que se estará a lo establecido en la normativa reguladora de las ayudas y subvenciones destinadas a la integración laboral de las personas con discapacidad en estos Centros.

2.1.16. Reintegros

En los supuestos de obtención de beneficios en las cuotas de la Seguridad Social sin reunir los requisitos exigidos y de incumplimiento de las obligaciones previstas en el Real Decreto-ley 1/2023, procederá la devolución de todas las cantidades dejadas de ingresar con el recargo y los intereses de demora correspondientes.

En el caso de que proceda el reintegro de subvenciones públicas previstas en el artículo 1.2, se estará a lo que establezcan las normas dictadas por la Administración Pública competente para su concesión.

Las obligaciones de reintegro se entienden sin perjuicio de lo previsto en el TRLI-SOS y, en su caso, en la Ley 38/2003, de 17 de noviembre, General de Subvenciones.

2.2. Relación de bonificaciones en las cuotas de la Seguridad Social y por conceptos de recaudación conjunta contenidas en el Real Decreto Ley 1/2023

2.2.1. Supuestos

- Contratación laboral de personas con capacidad intelectual límite o readmitidas tras cesar en la empresa por incapacidad permanente.

- Contratación de mujeres víctimas de violencia de género, de violencias sexuales y de trata de seres humanos y explotación sexual o laboral.

- Otras medidas de conciliación.

- Contratación de personas en situación de exclusión social y desempleadas de larga duración y víctimas del terrorismo.

- Contratación formativa y su transformación en contratos indefinidos y contratación de personal investigador en formación.

- Apoyo al empleo en la economía social y en ámbitos o sectores específicos.

- Bonificación coyuntural por contratación de personas jóvenes de baja cualificación beneficiarias del SNGJ.

- Bonificaciones por la contratación de personas en el entorno familiar.

- Otros.

2.2.2. Bonificaciones por la contratación indefinida de personas con capacidad intelectual límite

La contratación indefinida de personas con capacidad intelectual límite dará derecho a una bonificación en la cotización de 128 euros/mes durante cuatro años.

Se entiende por tales aquellas personas inscritas en los Servicios Públicos de Empleo como demandantes de empleo no ocupados que acrediten oficialmente, según los baremos vigentes de valoración de la situación de discapacidad, al menos un 20 por ciento de discapacidad intelectual y que no alcancen el 33 por ciento (art. 2 Decreto 368/2021):

BAREMO DISCAPACIDAD:

- Real Decreto 888/2022, de 18 de octubre.

- Orden DSA/934/2023, de 19 de julio.

2.2.3. Bonificaciones por la contratación indefinida de personas trabajadoras readmitidas tras haber cesado en la empresa por IPT o IPA

Dará derecho a una bonificación en la cotización de 138 euros/mes durante un período de dos años, siempre y cuando la citada readmisión no responda a un derecho de las personas trabajadoras a reincorporarse al puesto de trabajo.

La bonificación será también de aplicación en los supuestos de personas mayores de 55 años con incapacidad permanente reincorporadas a su empresa en otra categoría, así como de personas mayores de esa edad que recuperan su capacidad y pudieran ser contratadas por otra empresa.

2.2.4. Bonificaciones por la contratación indefinida de mujeres víctimas de violencia de género, de violencias sexuales y de trata de seres humanos, tanto con fines de explotación sexual como laboral

La contratación indefinida de mujeres que tengan acreditada la condición de víctimas de violencia de género, de violencias sexuales o de trata de seres humanos, de explotación sexual o de explotación laboral, y mujeres en contextos de prostitución dará derecho a una bonificación en la cotización de 128 euros/mes durante cuatro años.

2.2.5. Bonificaciones en los contratos de duración determinada que se celebren con personas desempleadas para sustitución de personas trabajadoras en determinados supuestos

La bonificación será de 366 euros/mes durante el tiempo en que se superponga el contrato con la prestación o situación de IT.

Se aplicará a los contratos de duración determinada que se celebren:

- Con personas jóvenes desempleadas, menores de 30 años, para sustitución de personas trabajadoras o autónomas —incluidas socias trabajadoras o de trabajo de cooperativas— que estén percibiendo las prestaciones económicas por Riesgo durante el embarazo (RE) o Riesgo durante la lactancia natural (RLN), Nacimiento y cuidado de menor (NCM) o Ejercicio corresponsable del cuidado de menor lactante (ECCML).

- Con personas desempleadas con discapacidad para sustitución de personas trabajadoras con discapacidad que tengan suspendido su contrato de trabajo por incapacidad temporal.

- Estas bonificaciones también pueden practicarse en el caso de empleados de hogar.

2.2.6. Bonificaciones en la cotización de las personas trabajadoras sustituidas durante las situaciones de NCM, ECCML, RE y RLN

A la cotización de las personas trabajadoras –incluidos socios trabajadores o de trabajo de cooperativas en RG –por cuenta ajena sustituidas durante el percibo de las prestaciones económicas por NCM, ECCML, RE y RLN, mediante contratos de sustitución, les será de aplicación una bonificación en la cotización de 366 euros/mes durante el tiempo de superposición entre el contrato y la respectiva prestación.

Estas bonificaciones también pueden practicarse en el caso de empleados de hogar.

2.2.7. Bonificación en los supuestos de cambio de puesto de trabajo por RE o RLN (art. 20 LPRL), o por enfermedad profesional

Se aplicará una bonificación en la cotización de 138 euros/mes con respecto a las cuotas devengadas durante el periodo de permanencia en el nuevo puesto de trabajo o función.

La situación de RE o RLN se acreditará mediante informe de evaluación de riesgos (art. 16.2 LPRL).

La existencia de enfermedad profesional se acreditará mediante certificación del EVI (CEI en Cataluña) del INSS, debiendo constar la ITSS la compatibilidad del nuevo puesto de trabajo con el estado de la persona trabajadora.

2.2.8. Bonificaciones por la contratación indefinida de personas en situación de exclusión social

La contratación de personas en situación de exclusión social dará derecho a una bonificación en la cotización de 128 euros/mes durante 4 años.

Si la persona contratada finalizó una relación laboral con una empresa de inserción en los 12 meses anteriores, no ha trabajado más de 30 días desde entonces y es contratada por una empresa que no sea de inserción o CEE, los primeros 12 meses la bonificación será de 147 euros/mes.

La situación se acreditará por los servicios sociales u organismo público competente y la empresa deberá conservarla durante 5 años.

2.2.9. Bonificación por la contratación indefinida de personas desempleadas de larga duración

La contratación indefinida de personas desempleadas e inscritas en la oficina de empleo al menos doce meses en los dieciocho meses anteriores a la contratación dará derecho a una bonificación en la cotización de 110 euros/mes durante tres años.

Cuando estos contratos se concierten con mujeres o con personas de 45 o más años, la bonificación indicada será de 128 euros/mes durante tres años.

2.2.10. Bonificaciones por la contratación indefinida de personas víctimas del terrorismo

La contratación indefinida de personas que tengan acreditada la condición de víctima de terrorismo dará derecho a una bonificación en la cotización de 128 euros/mes durante cuatro años.

2.2.11. Bonificaciones por la realización del contrato de formación en alternancia

El contrato de formación en alternancia dará derecho, durante su vigencia, incluidas sus prórrogas a una bonificación de 91 euros/mes.

Asimismo, el citado contrato dará derecho a una bonificación de 28 euros/mes en las cuotas de la persona trabajadora a la Seguridad Social y por los conceptos de recaudación conjunta.

Estas bonificaciones no serán de aplicación en los contratos de formación en alternancia cuando se suscriban en el marco de programas públicos mixtos de empleo-formación.

2.2.12. Bonificación por la transformación en indefinidos de contratos formativos y de relevo

La transformación en indefinidos de contratos formativos a la finalización de su duración inicial o prorrogada, cualquiera que sea la fecha de su celebración, dará derecho a una bonificación en la cotización de 128 euros/mes durante tres años. En el caso de mujeres, dicha bonificación será de 147 euros/mes.

Es aplicable también a empresas usuarias que transformen contratos formativo de personas trabajadoras puestas a disposición por ETT.

La transformación en indefinidos de contratos de relevo, cualquiera que sea la fecha de su celebración, dará derecho a una bonificación en la cotización de 55 euros/mes durante los tres años siguientes. En el caso de mujeres, dicha bonificación será de 73 euros/mes.

2.2.13. Bonificación por la contratación indefinida, o la incorporación a cooperativa o sociedad laboral en RG, de personas que realizan formación práctica en empresas

Ya sea a la finalización o durante el desarrollo de la formación práctica, esa contratación dará derecho a una bonificación en la cotización de 138 euros/mes durante un período máximo de tres años, salvo que la persona trabajadora contratada sea persona con discapacidad, en cuyo caso la bonificación podrá aplicarse durante toda la vigencia del contrato.

2.2.14. Bonificaciones a la formación en alternancia

La actividad formativa en el ámbito laboral, vinculada al contrato de formación en alternancia, cuando sea desarrollada en el ámbito de la empresa dará derecho a bonificaciones en las cuotas empresariales de la Seguridad Social para la financiación de los costes de la formación recibida por la persona trabajadora contratada, en la cuantía máxima que resulte de multiplicar el módulo económico establecido reglamentariamente por un número de horas equivalente al 35 por ciento de la jornada durante el primer año del contrato, y el 15 por ciento de la jornada el segundo (si el contratado es beneficiario del SNGJ, 50 y 25 por 100, respectivamente).

Todas las empresas podrán aplicar, por tutorización, una bonificación máxima, sobre la cuota de FP, de 1,5 euros/alumn@/hora (2 euros en empresas de menos de 5 personas trabajadoras), con un máximo de 40 horas/alumn@/mes.

2.2.15. Bonificación por la contratación de personal investigador bajo la modalidad de contrato predoctoral

La contratación de personal investigador bajo la modalidad de contrato predoctoral establecida en el artículo 21 de la Ley 14/2011, de 1 de junio, de la Ciencia, la Tecnología y la Innovación, dará derecho, durante la vigencia del contrato, incluidas sus prórrogas, a una bonificación en la cotización de 115 euros/mes. En estos casos, no se requerirá la inscripción en los servicios públicos de empleo como demandante de empleo.

2.2.16. Bonificaciones por la incorporación de personas trabajadoras como socias trabajadoras o de trabajo a cooperativas y sociedades laborales

La incorporación de personas trabajadoras desempleadas como socias trabajadoras o de trabajo a cooperativas y sociedades laborales, en RG, dará derecho a una bonificación en la cotización de 73 euros/mes durante tres años.

Si las incorporaciones se realizan con personas jóvenes menores de 30 años, o personas menores de 35 años que tengan reconocido un grado de discapacidad igual o superior al 33 por ciento, la bonificación será de 147 euros/mes durante el primer año, y de 73 euros/mes durante los dos años restantes.

2.2.17. Bonificación por la transformación en contratos fijos-discontinuos de contratos temporales (agrario cuenta ajena)

La transformación de contratos temporales en el contrato por tiempo indefinido fijo-discontinuo dará derecho, durante los tres años siguientes, a una bonificación en la cotización de 55 euros/mes, o de 73 euros/mes en el caso de mujeres, cuando la citada transformación corresponda a contratos temporales suscritos con personas trabajadoras por cuenta ajena agrarias incluidas en el Sistema Especial para Trabajadores por Cuenta Ajena Agrarios.

Esta medida estará vigente los dos primeros años de vigencia del Real Decreto-ley 1/2023.

2.2.18. Medida de apoyo a la prolongación del periodo de actividad de las personas trabajadoras con contratos fijos-discontinuos en los sectores de turismo y comercio y hostelería vinculados a la actividad turística

Las empresas, excluidas las pertenecientes al sector público, dedicadas a actividades encuadradas en los sectores de turismo, así como los de comercio y hostelería, siempre que se encuentren vinculados a dicho sector del turismo, que generen actividad productiva en los meses de febrero, marzo y noviembre de cada año y que inicien y/o mantengan en alta durante dichos meses la ocupación de las personas trabajadoras con contratos de carácter fijo-discontinuo, podrán aplicar en dichos meses una bonificación en la cotización de 262 euros/mes.

2.2.19. Bonificaciones respecto de personas contratadas en determinados sectores de actividad y ámbitos geográficos

Las empresas dedicadas a actividades encuadradas en los sectores de agricultura, pesca y acuicultura; industria, excepto energía y agua; comercio; turismo; hostelería y resto de servicios, excepto el transporte aéreo de ala fija, construcción de edificios, actividades financieras y de seguros y actividades inmobiliarias, así como en otros sectores o ámbitos de actividad que se determinen legalmente, en las ciudades de Ceuta y Melilla, con cuentas de cotización asignadas a dichas empresas en las que tengan personas trabajadoras con contratos indefinidos o de sustitución por causa de incapacidad temporal que presten actividad en las referidas ciudades, tendrán derecho a una bonificación del 50 por ciento en sus aportaciones a las cuotas de la Seguridad Social por contingencias comunes, así como por los conceptos de recaudación conjunta de desempleo, formación profesional y Fondo de Garantía Salarial, durante la vigencia de los contratos.

La bonificación anterior resultará de aplicación mientras estén vigentes los Planes Integrales de Desarrollo Socioeconómico de las Ciudades de Ceuta y Melilla. A efectos de la aplicación de estas bonificaciones, el Servicio Público de Empleo Estatal comunicará a la Tesorería General de la Seguridad Social la finalización de la vigencia de dichos Planes cuando la misma surta efectos.

2.2.20. Bonificación coyuntural por contratación de personas jóvenes de baja cualificación beneficiarias del SNGJ

En el primer año de vigencia de este Real Decreto-ley 1/2023, los contratos indefinidos que se celebren con personas jóvenes menores de 30 años con baja cualificación (sin Bachillerado o Grado Medio de FP) y que sean beneficiarias del Sistema Nacional de Garantía Juvenil, darán derecho a una bonificación en la cotización de 275 euros/mes, durante tres años.

Medida ampliable por el Gobierno en años sucesivos.

2.2.21. Bonificaciones por la contratación de personas en el entorno familiar

La contratación de personas en el entorno familiar dará derecho a las bonificaciones en la cotización establecidas en la disposición adicional primera del Real Decreto-ley 16/2022, de 6 de septiembre, para la mejora de las condiciones de trabajo y de Seguridad Social de las personas trabajadoras al servicio del hogar, sin perjuicio de lo previsto en su disposición transitoria tercera sobre mantenimiento de los beneficios –bonificaciones de 45 por 100 de las cuotas del empleador– por la contratación de personas cuidadoras en familias numerosas.

2.2.22. Otros supuestos del RDL 1/2023

- Empresas de inserción: D.A. 6ª. Bonificación de 147 €/mes durante toda la vigencia del contrato, o durante tres años en el supuesto de contratación indefinida.

- Personal investigador: D.A. 7ª.

- Compatibilidad de bonificaciones y reducciones: son compatibles con el límite del 100 por 100 de la cuota empresarial.

2.2.23. Aplicación de todas las bonificaciones

Se realizarán por parte de la TGSS a través del sistema de liquidación directa (SILTRA) y del sistema de liquidación simplificada, de manera automática. Los datos necesarios serán facilitados a las empresas a la TGSS a través del Sistema RED. Esa declaración responsable estará sometida a la fiscalización del SEPE y de la ITSS. La ITSS llevará a cabo acciones específicas de control sobre la correcta aplicación de estos beneficios en la cotización, utilizando para ello la planificación de actuaciones a través de los medios tecnológicos disponibles o mediante procesos automatizados (art. 53 TRLISOS). Todo ello se llevará a cabo con la necesaria coordinación.

Los datos facilitados por las empresas a través del Sistema RED, sobre la inexistencia de causas de exclusión, tendrán, por tanto, el carácter de declaración responsable. La TGSS utilizará los datos de que dispone para verificar la inexistencia de casos de exclusión, especialmente las que exigen ausencia de determinadas contrataciones anteriores en un tiempo determinado.

La Administración de Justicia o el órgano competente para resolver proporcionarán a la TGSS y al SEPE, a través de medios telemáticos, la información necesaria para identificar a las empresas excluidas de estos beneficios por sanción penal o administrativa.

Las Administraciones Tributarias, incluidas las de régimen foral, proporcionarán a la TGSS y al SEPE, a través de medios telemáticos, la información necesaria sobre el cumplimiento de las obligaciones tributarias.

A efectos de acreditar el requisito de encontrarse al corriente en el cumplimiento de las obligaciones con la Seguridad Social, se entenderá que la fecha en que debe concurrir este requisito es la del alta de la persona trabajadora en el correspondiente régimen de la Seguridad Social o, en su caso, de la variación de datos correspondiente.

2.3. Las subvenciones a la contratación laboral reguladas en el Real Decreto 818/2021

2.3.1. Discapacidad

Subvención por cada contratación indefinida inicial o transformación de contrato temporal en indefinido, a tiempo completo, de 5.500 euros con carácter general (6.000 euros si es mujer, mayor de 45 años o perteneciente a cualquier otro colectivo vulnerable que determine el servicio público de empleo competente).

Cuando la contratación indefinida inicial, a tiempo completo, se celebre con personas con discapacidad que presentan mayores dificultades de acceso al mercado de trabajo, la subvención será de 7.000 euros (7.500 euros si es mujer o mayor de 45 años, o perteneciente a cualquier otro colectivo vulnerable).

Estas cuantías se podrán incrementar hasta en 2.000 euros cuando el empresario sea trabajador autónomo, cooperativa o sociedad laboral que contraten a su primer empleado, o bien cuando las personas trabajadoras con discapacidad procedan de un enclave laboral o CEE.

Subvención de 1.800 euros para accesibilidad universal, protección personal, eliminación de barreras y obstáculos y adaptación de puesto de trabajo.

Subvención de hasta 12.000 euros por inversión fija generadora de empleo.

Subvención del coste salarial de entre el 40 y el 55 por 100 del SMI por contratación de PCD de especiales dificultades para el acceso al mercado de trabajo.

2.3.2. Exclusión social

Personas desempleadas incluidas en itinerarios de inserción:

- Perceptoras de rentas mínimas de inserción o del ingreso mínimo vital, a excepción de aquellas que simultáneamente estén participando en itinerarios laborales promovidos por las Administraciones.

- Personas en desempleo de muy larga duración.

- Jóvenes que no hayan finalizado el período de escolaridad obligatoria y se encuentren desempleados.

- Personas drogodependientes que se encuentren en proceso de rehabilitación y reinserción social.

- Personas internas de centros penitenciarios y personas exreclusas en situación de desempleo.

- Minorías étnicas, inmigrantes o personas con responsabilidades familiares no compartidas y en situación o riesgo de exclusión.

- Cualquier otro colectivo en situación de riesgo o exclusión social.

Subvenciones para las empresas que las contraten: 7.000 euros por participante en itinerario que contraten (7.500 euros si es mujer, mayor de 45 años en el caso de personas con discapacidad o perteneciente a cualquier otro colectivo vulnerable). Se puede incrementar en 2.000 euros para primeras contrataciones de autónomos, cooperativas, sociedades laborales.

2.3.3. Movilidad geográfica

Modalidades:

* Retorno de talento.

* Apoyo al desplazamiento para la cobertura de un puesto de trabajo indefinido o emprendimiento en zona rural despoblada o en riesgo de despoblación.

* Apoyo al desplazamiento de víctimas de violencia de género.

Subvención de los gastos de transporte público (clase turista) o privado (0,19 euros/Km).

Subvención por retorno de talento (contratación indefinida a tiempo completo) de 5.500 euros cada contratación indefinida a tiempo completo (6.000 euros si la persona contratada es mujer, mayor de 45 años en el caso de personas con discapacidad o perteneciente a cualquier otro colectivo vulnerable que determine el servicio público de empleo), o bien 7.000 euros o 7.500 euros, respectivamente, si el servicio público de empleo competente incluye este supuesto entre los que requieren una mayor atención. Estas subvenciones podrán incrementarse hasta en 2.000 euros cuando la contratación se realice por trabajadora o trabajador autónomo, o por una cooperativa o sociedad laboral, que contrate a su primer empleado o empleada.

2.3.4. Mujeres

Subvención de 6.000 euros cuando se contrate a mujeres desempleadas, con carácter indefinido, en ocupaciones o sectores con presencia mayoritariamente de hombres, así como a mujeres que lleven más de 24 meses desempleadas por maternidad, adopción, guarda con fines de adopción, acogimiento y tutela en los términos legalmente establecidos.

Subvención de 7.500 euros cuando la contratación indefinida se realice con mujeres consideradas especialmente vulnerables por la Administración Pública competente.

En el caso de primera contratación por una persona trabajadora autónoma, los Servicios Públicos de Empleo podrán conceder una cuantía adicional de hasta 2.000 euros sobre las previstas en el apartado anterior.

2.3.5. Conciliación

Subvención a empresas de 2.250 euros por trabajador (máximo 9.000 por empresa y año) por adopción de medidas de conciliación o corresponsabilidad o por contratación de desempleados para sustituir excedencias o reducciones de jornada para cuidado de hijos de hasta 3 años o familiares dependientes o gravemente enfermos.

Subvención de hasta el 100% de las cuotas de la Seguridad Social a personas trabajadoras por contratación de desempleados para cuidado de hijos de hasta 3 años o familiares dependientes o gravemente enfermos.

Subvención de parte de los costes salariales a trabajadores autónomos por contratación de desempleados para sustituirlos por maternidad, paternidad, embarazo o lactancia.

Subvención de 15 euros/día a desempleados con hijos a cargo de hasta 12 años, si participan en programas de mejora de empleabilidad.

2.3.6. Edad

Subvención de 5.500 euros cuando la persona contratada sea desempleada mayor de 45 años (6.000 euros si además es mujer, persona con discapacidad o perteneciente a cualquier otro colectivo vulnerable que determine el servicio público de empleo), y de 7.000 euros cuando aquella sea desempleada de larga duración (7.500 euros si además es mujer, persona con discapacidad o perteneciente a cualquier otro colectivo vulnerable que determine el servicio público de empleo).

En el caso de primera contratación por una persona trabajadora autónoma, los servicios públicos de empleo podrán conceder una cuantía adicional de hasta 2.000 euros sobre las previstas en el párrafo anterior.

Por otra parte, el Real Decreto 1248/2024, de 10 de diciembre, ha introducido nuevos incentivos para la mejora de la empleabilidad e inserción laboral de personas jóvenes desempleadas menores de 30 años. Se trata de los proyectos de "Primera experiencia en Administraciones Públicas" e "Investigo", que aparecen recogidos en los artículos 76.bis y 76.3 del Real Decreto 818/2021, de 28 de septiembre, y se subvencionan los costes salariales y de tutoría de los mismos.

2.3.7. Requisitos comunes a todas las subvenciones

Serán personas destinatarias las personas desempleadas (demandantes de empleo y servicios registradas en situación laboral de no ocupadas) y las personas ocupadas registradas como demandantes de empleo y servicios para contribuir a la mejora de la calidad y el mantenimiento de su empleo, y las personas jóvenes inscritas en el SNGJ.

Las subvenciones se establecen para contrataciones a tiempo completo. Si es tiempo parcial (mínimo 50% de jornada, salvo PCD) se reducirán proporcionalmente.

Cada contratación indefinida incentivada deberá suponer un incremento neto de la plantilla fija de la empresa o entidad beneficiaria en los términos que establezcan las normas o bases reguladoras de la subvención, no computándose para el cálculo de tal incremento neto las variaciones que se produzcan entre el colectivo de trabajadores que integren la plantilla como consecuencia de la renuncia voluntaria, del reconocimiento de la discapacidad o incapacidad laboral permanente total o parcial, de la jubilación, de la baja por defunción, de las modificaciones por reducción voluntaria del tiempo de trabajo o por el despido disciplinario procedente, así como, en el caso de subrogaciones, por las causas legales estipuladas.

2.4. Otros incentivos

Como hemos visto, la entrada en vigor del Real Decreto Ley 1/2023 se produjo el día 1 de septiembre de 2023. Por lo tanto, hasta entonces se pudieron aplicar las bonificaciones contenidas en la Ley 43/2006 para personas con discapacidad, personas en situación de exclusión social y víctimas de la violencia de género o doméstica, y víctimas del terrorismo, así como otras bonificaciones y reducciones de cuotas contenidas en distintas normas. Destacan las siguientes:

- Reducciones de cuotas a las empresas y a los trabajadores con contratos para la formación y el aprendizaje, que el Real Decreto Ley 32/2021 ha extendido también a los nuevos contratos de formación en alternancia hasta la entrada en vigor del Real Decreto Ley 1/2023.

- Reducciones de cuotas a las empresas que readmitan a trabajadores declarados en situación de incapacidad permanente total o absoluta (artículo 2 del Real Decreto 1451/1983).

- Bonificaciones por los contratos de trabajo celebrados por la Organización Nacional de Ciegos de España (ONCE) con personas con discapacidad (artículo 1 del Real Decreto Ley 18/2011).

- Exención de cotización por contingencias comunes (salvo incapacidad temporal) por aquellos trabajadores que tengan la edad de acceso a la pensión de jubilación que en cada caso resulte de aplicación según lo establecido en el artículo 205.1.a) del TRLGSS (artículo 311 del propio TRLGSS).

- Bonificaciones por personal investigador de la Ley 17/2012 y Real Decreto 475/2014.

- Bonificaciones por personal investigador predoctoral en formación de la Ley 14/2011.

- Bonificaciones por tripulantes de buques (Canarias) de la Ley 19/1994.

- Bonificaciones por la contratación laboral en ciertos sectores en Ceuta y Melilla, recogidos en la Ley 31/2011.

- Bonificaciones por la contratación de familiares por parte del trabajador autónomo, recogidas en el artículo 35 de la Ley 20/2007, de 11 de julio.

- La situación de crisis sanitaria iniciada en 2020 ha generado también normativa específica de mantenimiento de empleo, que prevé exenciones en las cuotas empresariales de la Seguridad Social como consecuencia de la aplicación de Expedientes de Regulación Temporal de Empleo (ERTE) derivados de la situación provocada por la COVID-19, y en los términos establecidos en el RDL 8/2020, 18/2020, 24/2020, 30/2020, 2/2021, 18/2021 y 2/2022. Estas exenciones pueden alcanzar el 100 por 100 de esas cuotas empresariales en algunos casos.

- Beneficios en la cotización a la Seguridad Social aplicables a los expedientes de regulación temporal de empleo y al Mecanismo RED (D.A. 44ª TRLGSS, en redacción dada a la misma por el Real Decreto Ley 1/2025).

3. La contratación estable y la contratación formativa de trabajadores con discapacidad

Por lo que hace referencia a los incentivos para la contratación de Trabajadores con discapacidad ya hemos visto en el apartado anterior que los contratos celebrados durante el año 2025 se regirán por lo dispuesto en la Ley 43/2006 y en el Real Decreto Ley 1/2023.

Además de las bonificaciones correspondientes al mencionado Programa de Fomento del Empleo, la Estrategia Española de Empleo (E.E.E.) para el periodo 2012-2014, aprobada por Real Decreto 1452/2011, de 31 de octubre, y la Estrategia Española de Apoyo Activo al Empleo 2021-2024, aprobada por Real Decreto 1069/2021, de 4 de diciembre, desarrolladas por los correspondientes Planes de Empleo —el Plan Anual de Política de Empleo para 2024 ha sido aprobado por Resolución de 15 de julio de 2024 de la Secretaría de Estado de Empleo y Política Social— regulan otros incentivos económicos para la contratación indefinida de trabajadores con discapacidad, entendiendo por tales aquellos con un grado de discapacidad no inferior al 33%, tal como establece el artículo 4.2 del vigente texto refundido de la Ley General de derechos de las personas con discapacidad y su inclusión social (TRLGD), aprobado por Real Decreto Legislativo 1/2013, de 29 de noviembre.

La Estrategia Española de Empleo, además de configurar medidas específicas para los Centros Especiales de Empleo, contempla con carácter general las medidas estatales de inserción laboral de las personas con discapacidad en el mercado ordinario de trabajo.

Hay que tener en cuenta que las medidas que inicialmente contemplaba la Estrategia Española de Empleo han sido derogadas por la Ley 3/2012, de 6 de julio, por lo que se mantendrán vigentes las anteriores, de entre las que destacan las siguientes:

- Real Decreto 1451/1983:

  ⇨ Subvención por contratación indefinida: 3.907 euros, si es jornada completa. La parte proporcional, si es a tiempo parcial.

  ⇨ Subvención por adaptación de puesto de trabajo: hasta 901 euros (contratos indefinidos y temporales de 12 meses al menos).

- Real Decreto 2273/1985: Centros Especiales de Empleo (C.E.E.).

- Real Decreto 290/2004: Enclaves laborales.

- Real Decreto 870/2007: Empleo con Apoyo.

- Real Decreto 469/2006: Unidades de Apoyo en C.E.E.

- Orden MTAS de 16-10-1998: Subvenciones integración laboral de las personas con discapacidad en C.E.E.

En cuanto a las bonificaciones de las cuotas de la Seguridad Social por contratación de personas con discapacidad reconocida en un grado igual o superior al 33 por 100 –o bien con reconocimiento de pensiones de incapacidad permanente en grados de total, absoluta o gran invalidez– continua vigente la Ley 43/2006, de 29 de diciembre, para la mejora y el crecimiento del empleo. De acuerdo con lo dispuesto en su artículo 2.2, las bonificaciones mensuales en las cuotas serán las siguientes:

- Si el contrato es indefinido, 375 euros/mes durante toda la vigencia del contrato. En el caso de personas con parálisis cerebral, enfermedad mental o discapacidad intelectual en grado igual o superior al 33 por 100, la bonificación ascenderá a 425 euros/mes. Idéntico importe tendrá en los casos de discapacidad física o sensorial en grado igual o superior al 65 por 100.

- Si se trata de contratos temporales de fomento del empleo, 291,66 euros/mes durante toda la vigencia del contrato. En el caso de personas con parálisis cerebral, enfermedad mental o discapacidad intelectual en grado igual o superior al 33 por 100, la bonificación ascenderá a 341,66 euros/mes. Idéntico importe tendrá en los casos de discapacidad física y sensorial en grado igual o superior al 65 por 100.

- Si el contrato es indefinido y la persona contratada tiene 45 o más años o es una mujer, la bonificación se incrementará en 100 euros/mes o 70,83 euros/mes, respectivamente. Si el contrato es temporal, en ambos casos la bonificación se incrementará en 50/euros mes, no acumulables entre sí.

- En el caso de que la empresa contratante sea un Centro Especial de Empleo, la bonificación será, para todas las personas con discapacidad contratadas y sea cual fuera la modalidad contractual empleada, del 100 por 100 de la totalidad de la cuota empresarial.

En todos los casos expuestos anteriormente, los beneficiarios deben hallarse al corriente en el cumplimiento de sus obligaciones tributarias y de Seguridad Social y no haber sido excluidos de estos beneficios por la comisión de infracciones muy graves no prescritas, de acuerdo con lo dispuesto en el artículo 46.2 del TRLISOS. En cuanto a las causas de exclusión de estos beneficios, están recogidas en el artículo 6 de la propia Ley 43/2006. Finalmente, en ningún caso podrá bonificarse más del 100 por 100 de la cuota empresarial y las bonificaciones no podrán superar el 60 por 100 del coste salarial anual correspondiente al contrato que se bonifica.

Además, como ya hemos visto en el apartado anterior, el artículo 48 del Real Decreto 818/2021, de 28 de septiembre regula las subvenciones destinadas a la financiación del fomento de la contratación indefinida de personas con discapacidad en el mercado ordinario de trabajo, así como el tránsito desde los Centros Especiales de Empleo a ese mismo mercado, especialmente a través de los enclaves laborales. Estas subvenciones, que debieran absorber –derogando expresamente el contenido del RD 1451/1983 en esta materia– a las citadas en el párrafo anterior y cuyos importes dependen del tipo de discapacidad, la edad y el sexo de la persona contratada, van desde 5.500 euros hasta 7.500 euros, pudiéndose incrementar, en todos los casos, hasta en 2.000 euros cuando el contratante es una persona trabajadora autónoma o una cooperativa o sociedad laboral que contraten a su primer empleado, o bien cuando la persona con discapacidad procede de un enclave laboral. En su artículo 49, el Real Decreto 818/2021 recoge una subvención por adaptación de puestos de trabajo para financiar medidas de accesibilidad universal, eliminación de barreras arquitectónicas u obstáculos y prevención de riesgos laborales. El importe máximo de estas subvenciones de adaptación, dotación o eliminación es de 1.800 euros.

Por otra parte, los contratos formativos celebrados con trabajadores con discapacidad presentan las siguientes peculiaridades:

- 50% de reducción en la cuota empresarial por contingencias comunes (Disposición Adicional 20ª del TRLET).

- El límite máximo de edad no será de aplicación cuando el contrato se concierte con personas con discapacidad.

- El periodo de celebración del contrato de trabajo en prácticas con un trabajador con discapacidad se alarga hasta los cinco años desde la finalización de los estudios.

Junto a estos incentivos a la contratación, el artículo 42.1 del TRLGD establece que las empresas públicas y privadas que empleen a un número de 50 o más trabajadores vendrán obligadas a que, de entre ellos, al menos el 2% sean trabajadores con discapacidad.

El cómputo mencionado anteriormente se realizará sobre la plantilla total de la empresa correspondiente, cualquiera que sea el número de centros de trabajo de aquella y cualquiera que sea la forma de contratación laboral que vincule a los trabajadores de la empresa.

Se incluirán a estos efectos los trabajadores con discapacidad que se encuentren prestando servicios en virtud de contratos de puesta a disposición celebrados con empresas de trabajo temporal.

De manera excepcional, las empresas públicas y privadas podrán quedar exentas de esta obligación, de forma parcial o total, bien a través de acuerdos recogidos en la negociación colectiva sectorial de ámbito estatal y, en su defecto, de ámbito inferior, a tenor de lo dispuesto en el artículo 83, números 2 y 3 del TRLET, bien por opción voluntaria del empresario, debidamente comunicada a la autoridad laboral, y siempre que en ambos supuestos se apliquen las medidas alternativas que se determinen reglamentariamente (Real Decreto 364/2005, de 8 de abril).

4. El contrato fijo-discontinuo y el contrato indefinido adscrito a obras de construcción

4.1. Régimen jurídico de esta modalidad contractual

El Real Decreto Ley 32/2021 derogó la anterior regulación del contrato fijo discontinuo y la distinción entre éste y el denominado "fijo periódico" que regulaba el artículo 12.3 del TRLET. En la actualidad, el contrato fijo discontinuo puede concertarse en las siguientes situaciones y circunstancias:

- La realización de trabajos de naturaleza estacional o vinculados a actividades productivas de temporada.

- El desarrollo de aquellos que no tengan dicha naturaleza pero que, siendo de prestación intermitente, tengan periodos de ejecución ciertos, determinados o indeterminados.

- El desarrollo de trabajos consistentes en la prestación de servicios en el marco de la ejecución de contratas mercantiles o administrativas que, siendo previsibles, formen parte de la actividad ordinaria de la empresa.

- Finalmente, también podrá celebrarse este contrato de trabajo fijo-discontinuo entre una empresa de trabajo temporal y una persona contratada para ser cedida, en los términos previstos en el artículo 10.3 de la Ley 14/1994, de 1 de junio, por la que se regulan las empresas de trabajo temporal.

Los elementos caracterizadores del contrato fijo-discontinuo son los siguientes:

- En cuanto a la **forma**, el contrato fijo-discontinuo necesariamente se celebrará por escrito.

- Por lo que hace referencia al **contenido** básico, deberá reflejar los elementos esenciales de la actividad laboral, entre otros, la duración del periodo de actividad, la jornada y su distribución horaria, si bien estos últimos podrán figurar con carácter estimado, sin perjuicio de su concreción en el momento del llamamiento.

- Los contratos fijos-discontinuos se podrán celebrar a **jornada** completa. Únicamente por convenio colectivo sectorial se podrá regular la celebración a tiempo parcial, cuando las peculiaridades de la actividad del sector así lo justifiquen.

- La principal peculiaridad de este tipo de contrataciones es la sucesión de **periodos de actividad e inactividad**. El inicio de los primeros se producirá cuando la empresa convoque al trabajador a través del llamamiento.

- El **llamamiento** de los trabajadores fijos-discontinuos se regulará mediante convenio colectivo o, en su defecto, acuerdo de empresa, estableciendo los criterios objetivos y formales por los que debe regirse. El plazo para ejercer las acciones que procedan por falta de llamamiento comenzará en el momento de la falta de este o desde que sea conocida esa falta.

  El llamamiento deberá realizarse por escrito o por otro medio que permita dejar constancia de la debida notificación a la persona interesada, con las indicaciones precisas de las condiciones de su incorporación y con una antelación adecuada.

  Las previsiones de llamamiento anual o semestral deberán ser comunicadas a la representación legal de los trabajadores al inicio de cada año natural.

- Por convenio colectivo sectorial se podrá fijar la obligación de las empresas de elaborar un **censo anual del personal fijo-discontinuo**. También podrán establecer estos convenios un **periodo mínimo de llamamiento anual** y una **cuantía por fin de llamamiento** a satisfacer por las empresas a las personas trabajadoras, cuando este coincida con la terminación de la actividad y no se produzca, sin solución de continuidad, un nuevo llamamiento.

Cuando la contratación fija-discontinua se justifique por la celebración de **contratas, subcontratas o con motivo de concesiones administrativas**, los periodos de inactividad solo podrán producirse como plazos de espera de recolocación entre subcontrataciones.

En estos supuestos, los convenios colectivos sectoriales podrán determinar un plazo máximo de inactividad entre subcontratas, que, en defecto de previsión convencional, será de tres meses. Una vez cumplido dicho plazo, la empresa adoptará las medidas coyunturales o definitivas que procedan, en los términos previstos en esta norma.

Una importante novedad de la nueva normativa es la creación de una **bolsa sectorial de empleo**, que podrán establecer los convenios colectivos de ámbito sectorial y en la que se podrán integrar las personas fijas-discontinuas durante los periodos de inactividad, con el objetivo de favorecer su contratación y su formación continua durante estos, todo ello sin perjuicio de las obligaciones en materia de contratación y llamamiento efectivo de cada una de las empresas en los términos previstos en este artículo.

La norma garantiza la **igualdad de derechos** de las personas trabajadoras fijas-discontinuas en el ejercicio de los derechos de conciliación, ausencias con derecho a reserva de puesto de trabajo y otras causas justificadas en base a derechos reconocidos en la ley o los convenios colectivos. En este sentido, expresamente se les reconoce el derecho a que su antigüedad se calcule teniendo en cuenta toda la duración de la relación laboral y no el tiempo de servicios efectivamente prestados, con la excepción de aquellas condiciones que exijan otro tratamiento en atención a su naturaleza y siempre que responda a criterios de objetividad, proporcionalidad y transparencia.

La empresa deberá informar a las personas fijas-discontinuas y a la representación legal de las personas trabajadoras sobre la existencia de puestos de trabajo **vacantes de carácter fijo ordinario**, de manera que aquellas puedan formular solicitudes de conversión voluntaria, de conformidad con los procedimientos que establezca el convenio colectivo sectorial o, en su defecto, el acuerdo de empresa.

Finalmente, las personas trabajadoras fijas-discontinuas tendrán la consideración de **colectivo prioritario para el acceso a las iniciativas de formación** del sistema de formación profesional para el empleo en el ámbito laboral durante los periodos de inactividad.

4.2. Protección social de los trabajadores fijos discontinuos

Tras la reforma introducida en los artículos 247 y 248 del TRLGSS por el Real Decreto Ley 11/2024 –que entró en vigor el día 1 de abril de 2025– en relación con los trabajadores fijos-discontinuos, a efectos de acreditar los períodos de cotización necesarios para causar derecho a las prestaciones de jubilación, incapacidad permanente y muerte y supervivencia, se computará todo el período durante el cual hayan permanecido en situación de alta con un contrato fijo discontinuo. Dicho periodo se multiplicará por un coeficiente de 1,5, sin que el número total de días computables como cotizados anualmente por el trabajador pueda superar el número de días naturales de cada año.

Para causar derecho a las prestaciones de incapacidad temporal y por nacimiento y cuidado de menor, a efectos de acreditar los períodos de cotización necesarios, se tendrán en cuenta los distintos períodos durante los cuales el trabajador haya estado en situación de alta con un contrato fijo discontinuo.

Para determinar el porcentaje aplicable a la base reguladora de las pensiones de jubilación y de incapacidad permanente derivada de enfermedad común, se tendrá en cuenta todo el período durante el cual el trabajador haya estado en situación de alta con un contrato fijo discontinuo y se multiplicará por un coeficiente de 1,5, sin que el número total de días cotizados anualmente pueda superar el número de días naturales de cada año.

Finalmente, a los trabajadores que, conforme a lo previsto en el artículo 210.2 del TRLGSS, prolonguen su actividad con un contrato fijo discontinuo se les reconocerá el complemento económico de la pensión de jubilación previsto en dicho artículo, teniendo en cuenta los periodos de cotización resultantes de aplicar a los días en alta un coeficiente de 1,5, sin que el número total de días computables como cotizados anualmente por el trabajador pueda superar el número de días naturales de cada año.

4.3. El contrato indefinido adscrito a obras de construcción

De nuevo el Real Decreto Ley 32/2021, de 28 de diciembre, ha introducido una importante novedad, que afecta exclusivamente al sector de la construcción teniendo en cuenta las actividades establecidas en el ámbito funcional del Convenio General del Sector de la Construcción.

Se trata de los contratos de trabajo indefinidos adscritos a obra que tengan por objeto tareas o servicios cuya finalidad y resultado estén vinculados a obras de construcción, que podrán extinguirse por motivos inherentes a la persona trabajadora conforme a lo dispuesto en la Disposición Adicional Tercera de la Ley 32/2006, de 18 de octubre, reguladora de la subcontratación en el Sector de la Construcción, y que resultará aplicable con independencia del número de personas trabajadoras afectadas. Quedan excluidas de esta nueva regulación las personas trabajadoras que formen parte del personal de estructura, es decir, aquellas que no están adscritas a una obra.

En estos contratos indefinidos adscritos a obra, la finalización de la obra en la que presta servicios la persona trabajadora determinará la obligación para la empresa de efectuarle una propuesta de recolocación, previo desarrollo, de ser preciso, de un proceso de formación, que podrá desarrollarse con antelación a la finalización de la obra y que correrá siempre a cargo de la empresa. Esta formación podrá realizarse directamente o a través de una entidad especializada, siendo preferente la formación que imparta la Fundación Laboral de la Construcción con cargo a las cuotas empresariales.

A estos efectos, se entenderá por **finalización de las obras** y servicios la terminación real de los mismos, pero también la disminución real del volumen de obra por la realización paulatina de las correspondientes unidades de ejecución debidamente acreditada, así como la paralización, definitiva o temporal, de entidad suficiente, de una obra, por causa imprevisible para la empresa y ajena a su voluntad. En todo caso, la finalización de la obra deberá ser puesta en conocimiento de la representación legal de las personas trabajadoras, en su caso, así como de las comisiones paritarias de los convenios de ámbito correspondiente o, en su defecto, de los sindicatos representativos del sector, con cinco días de antelación a su efectividad.

Esta propuesta de recolocación será formalizada por escrito mediante una cláusula que se anexará al contrato de trabajo, y deberá precisar las condiciones esenciales, ubicación de la obra y fecha de incorporación a la misma, así como las acciones formativas exigibles para ocupar el nuevo puesto. La propuesta será sometida a **aceptación** por parte de la persona trabajadora con quince días de antelación a la finalización de su trabajo en la obra en la que se encuentre prestando servicios.

Una vez efectuada la propuesta de recolocación, el contrato indefinido adscrito a obra podrá **extinguirse** por motivos inherentes a la persona trabajadora cuando se dé alguna de las siguientes circunstancias:

- La persona trabajadora afectada rechaza la recolocación. Deberá notificarlo por escrito a la empresa –tanto el rechazo como la aceptación de la propuesta– en el plazo de siete días desde que tenga conocimiento de la comunicación empresarial. Transcurrido dicho plazo sin contestación se entenderá que la persona trabajadora rechaza la propuesta de recolocación.

- La cualificación de la persona afectada, incluso tras un proceso de formación o recualificación, no resulta adecuada a las nuevas obras que tenga la empresa en la misma provincia, o no permite su integración en estas, por existir un exceso de personas con la cualificación necesaria para desarrollar sus mismas funciones. La negociación colectiva de ámbito estatal del sector correspondiente precisará los criterios de prioridad o permanencia que deben operar en caso de concurrir estos motivos en varias personas trabajadoras de forma simultánea en relación con la misma obra.

- La inexistencia en la provincia en la que esté contratada la persona trabajadora de obras de la empresa acordes a su cualificación profesional, nivel, función y grupo profesional una vez analizada su cualificación o posible recualificación. Tanto en este caso como en el descrito en el párrafo anterior, la empresa deberá notificar la extinción del contrato a la persona trabajadora afectada con una antelación de quince días a su efectividad.

Para finalizar, la extinción del contrato indefinido por motivos inherentes a la persona trabajadora deberá ser puesta en conocimiento de la representación legal de las personas trabajadoras con una antelación de siete días a su efectividad y dará lugar a una **indemnización** del 7 por ciento calculada sobre los conceptos salariales establecidos en las tablas del convenio colectivo que resulte de aplicación y que hayan sido devengados durante toda la vigencia del contrato, o la superior establecida por el Convenio General del Sector de la Construcción.

5. Los contratos de trabajo temporales estructurales

5.1. Introducción

A partir de 31 de marzo de 2022, por tanto, ya no se puede celebrar ninguna de las modalidades de contratación de duración determinada anteriormente vigentes –obra y servicio determinado, eventual e interinidad– y únicamente quedan dos modalidades:

- El contrato por circunstancias de la producción.

- El contrato por sustitución de la persona trabajadora.

En ambos casos, para que se entienda que concurre causa justificada de temporalidad, será necesario que se especifiquen con precisión en el contrato:

- La causa habilitante de la contratación temporal.

- Las circunstancias concretas que la justifican.

- La conexión con la duración prevista.

5.2. El contrato por circunstancias de la producción

Se entenderá por circunstancias de la producción en dos supuestos:

- Cuando se produzca un incremento ocasional e imprevisible en la actividad de la empresa.

- Cuando se produzcan oscilaciones que, aun tratándose de la actividad normal de la empresa, generan un desajuste temporal entre el empleo estable disponible y el que se requiere, siempre que no responda a los supuestos incluidos en el artículo 16.1 del TRLET para los contratos fijos-discontinuos. En este segundo supuesto se entenderán incluidas, entre otras, las oscilaciones que derivan de las vacaciones anuales.

 Quedan expresamente excluidas de estos supuestos de contratación de duración determinada las contrataciones realizadas en el marco de contratas, subcontratas o concesiones administrativas que constituyan la actividad habitual u ordinaria de la empresa, sin perjuicio de su celebración cuando concurran las circunstancias de la producción en los términos que hemos visto anteriormente.

En cuanto a la duración de estos contratos, también pueden darse dos supuestos:

- Cuando el contrato de duración determinada obedezca a estas circunstancias de la producción, su duración no podrá ser superior a seis meses, ampliables por convenio colectivo de ámbito sectorial hasta un año. En caso de que el contrato se hubiera concertado por una duración inferior a la máxima legal o convencionalmente establecida, podrá prorrogarse, mediante acuerdo de las partes, por una única vez, sin que la duración total del contrato pueda exceder de dicha duración máxima.

- Cuando se trate de situaciones ocasionales, previsibles y que tengan una duración reducida y delimitada, las empresas solo podrán utilizar este contrato un máximo de noventa días en el año natural, independientemente de las personas trabajadoras que sean necesarias para atender en cada uno de dichos días las concretas situaciones, que deberán estar debidamente identificadas en el contrato. Estos noventa días no podrán ser utilizados de manera continuada. En estos casos, las empresas, en el último trimestre de cada año, deberán trasladar a la representación legal de las personas trabajadoras una previsión anual de uso de estos contratos.

5.3. El contrato por sustitución

Las empresas podrán acogerse a esta modalidad contractual de duración determinada para sustituir a una persona trabajadora con derecho a reserva de puesto de trabajo, siempre que se especifique en el contrato el nombre de la persona sustituida y la causa de la sustitución. Una importante novedad, en este caso, es que la prestación de servicios de la persona sustituta podrá iniciarse antes de que se produzca la ausencia de la persona sustituida, coincidiendo en el desarrollo de las funciones el tiempo imprescindible para garantizar el desempeño adecuado del puesto y, como máximo, durante quince días.

Expresamente, se recogen en la nueva normativa, además del supuesto genérico que hemos descrito anteriormente, otros dos supuestos de contratación por sustitución:

- Para completar la jornada reducida por otra persona trabajadora, cuando dicha reducción se ampare en causas legalmente establecidas o reguladas en el convenio colectivo y se especifique en el contrato el nombre de la persona sustituida y la causa de la sustitución.

- Para la cobertura temporal de un puesto de trabajo durante el proceso de selección o promoción para su cobertura definitiva mediante contrato fijo, sin que su duración pueda ser en este caso superior a tres meses, o el plazo inferior recogido en convenio colectivo, ni pueda celebrarse un nuevo contrato con el mismo objeto una vez superada dicha duración máxima.

5.4. Normas comunes a ambos contratos de duración determinada

Antes de ver las normas comunes de carácter general hay que señalar que en este año 2025 es de aplicación lo dispuesto en el Real Decreto Ley 7/2024, de 11 de noviembre, de modo que la suspensión de los contratos temporales, incluidos los formativos, de relevo y de interinidad, por los daños producidos por la DANA entre el 28 de octubre y el 4 de noviembre de 2024, supondrá la interrupción del cómputo, tanto de la duración de estos contratos, como de los periodos de referencia equivalentes al periodo suspendido, en cada una de estas modalidades contractuales, respecto de las personas trabajadoras afectadas por estas. Más allá de esta circunstancia puntual, para todos los contratos de duración determinada rigen las siguientes normas comunes.

Las personas contratadas incumpliendo lo establecido en el artículo 15 del TRLET adquirirán la condición de fijas. También adquirirán la condición de fijas las personas trabajadoras temporales que no hubieran sido dadas de alta en la Seguridad Social una vez transcurrido un plazo igual al que legalmente se hubiera podido fijar para el periodo de prueba. Tanto en estos casos como en el que exponemos a continuación, la empresa deberá facilitar por escrito a la persona trabajadora, en los diez días siguientes al cumplimiento de los plazos indicados, un documento justificativo sobre su nueva condición de persona trabajadora fija de la empresa, debiendo informar a la representación legal de los trabajadores sobre dicha circunstancia. De no hacerlo, la persona afectada podrá solicitar dicho documento al Servicio Público de Empleo, que comunicará tal circunstancia a la Inspección de Trabajo y Seguridad Social.

Igualmente, adquirirán la condición de fijas las personas trabajadoras que en un periodo de veinticuatro meses hubieran estado contratadas durante un plazo superior a dieciocho meses, con o sin solución de continuidad, para el mismo o diferente puesto de trabajo con la misma empresa o grupo de empresas, mediante dos o más contratos por circunstancias de la producción, sea directamente o a través de su puesta a disposición por empresas de trabajo temporal, adquirirán la condición de personas trabajadoras fijas. Esta previsión también será de aplicación cuando se produzcan supuestos de sucesión o subrogación empresarial conforme a lo dispuesto legal o convencionalmente, y cuando ese periodo de dieciocho meses se haya superado con contratos de circunstancias de la producción —incluidos los de puesta a disposición realizados con ETT— realizados con distintos trabajadores; la condición de fijeza la persona que ocupe el puesto en el momento en que se supere ese umbral temporal.

A estos efectos, se tendrán en cuenta los contratos de trabajo suscritos a partir de la entrada en vigor del Real Decreto Ley 32/2021 y el que estuviera vigente en ese momento.

Los derechos de los trabajadores con contratos temporales y de duración determinada serán los mismos que los que tienen contratos indefinidos, sin otras peculiaridades que las derivadas de la extinción de unos y otros y las propias de los contratos formativos. A estos efectos, la antigüedad en la empresa deberá computarse según los mismos criterios para todas las personas trabajadoras, con independencia de su modalidad de contratación.

La empresa deberá informar fehacientemente a las personas con contratos de duración determinada o temporales, incluidos los contratos formativos, y a sus representantes legales, sobre la existencia de puestos de trabajo vacantes, a fin de garantizarles las mismas oportunidades de acceder a puestos permanentes que las demás personas trabajadoras. Esta información podrá facilitarse mediante un anuncio público en un lugar adecuado de la empresa o centro de trabajo, o mediante otros medios previstos en la negociación colectiva, que aseguren la transmisión de la información. Los representantes legales de los trabajadores deberán estar informados, en todo caso, de los contratos realizados bajo esta modalidad en la empresa.

Los convenios colectivos podrán establecer planes de reducción de la temporalidad, así como fijar criterios generales relativos a la adecuada relación entre el volumen de la contratación de carácter temporal y la plantilla total de la empresa, criterios objetivos de conversión de los contratos de duración determinada o temporales en indefinidos, así como fijar porcentajes máximos de temporalidad y las consecuencias derivadas del incumplimiento de los mismos. También podrán establecer criterios de preferencia entre las personas con contratos de duración determinada o temporales, incluidas las personas puestas a disposición, así como medidas para facilitar el acceso efectivo de estas personas trabajadoras a las acciones incluidas en el sistema de formación profesional para el empleo, a fin de mejorar su cualificación y favorecer su progresión y movilidad profesionales.

6. Los contratos de trabajo formativos

6.1. Tipos de contratos

Como hemos indicado reiteradamente, la reforma introducida por el Real Decreto Ley 32/2021, la contratación formativa es aplicable desde el día 31 de marzo de 2022, momento en el que los contratos de prácticas y para la formación y el aprendizaje fueron sustituidos por el nuevo contrato formativo.

Este nuevo contrato formativo tendrá **dos modalidades**:

- La primera tendrá por objeto la formación en alternancia con el trabajo retribuido por cuenta ajena.

- La segunda, el desempeño de una actividad laboral destinada a adquirir una práctica profesional adecuada a los correspondientes niveles de estudios.

6.2. El contrato de formación en alternancia

Se trata de una modalidad que tiene por objeto compatibilizar la actividad laboral retribuida con los correspondientes procesos formativos en el ámbito de la formación profesional, los estudios universitarios o del Catálogo de Especialidades Formativas del Sistema Nacional de Empleo, se realizará de acuerdo con las siguientes reglas:

- Se podrá celebrar con personas que carezcan de la cualificación profesional reconocida por las titulaciones o certificados requeridos para concertar un contrato formativo para la obtención de práctica profesional. No obstante, se podrán realizar contratos vinculados a estudios de formación profesional o universitaria con personas que posean otra titulación siempre que no haya tenido otro contrato formativo previo en una formación del mismo nivel formativo y del mismo sector productivo.

- En el supuesto de que el contrato se suscriba en el marco de certificados de profesionalidad de nivel 1 y 2, y programas públicos o privados de formación en alternancia de empleo–formación, que formen parte del Catálogo de Especialidades Formativas del Sistema Nacional de Empleo, el contrato solo podrá ser concertado con personas de hasta treinta años.

- La actividad desempeñada por la persona trabajadora en la empresa deberá estar directamente relacionada con las actividades formativas que justifican la contratación laboral, coordinándose e integrándose en un programa de formación común.

- La persona contratada contará con una persona tutora, que deberá contar con la formación o experiencia adecuadas para tales tareas, designada por el centro o entidad de formación y otra designada por la empresa. Por su parte, los centros y entidades formativas elaborarán, con la participación de la empresa, los planes formativos individuales donde se especifique el contenido de la formación, el calendario y las actividades y los requisitos de tutoría para el cumplimiento de sus objetivos. Reglamentariamente se desarrollarán el sistema de impartición y las características de la formación, así como los aspectos relacionados con la financiación de la actividad formativa.

- La duración del contrato será la prevista en el correspondiente plan o programa formativo, con un mínimo de tres meses y un máximo de dos años, y podrá desarrollarse al amparo de un solo contrato de forma no continuada, a lo largo de diversos periodos anuales coincidentes con los estudios, de estar previsto en el plan o programa formativo.

- Solo podrá celebrarse un contrato de formación en alternancia por cada ciclo formativo de formación profesional y titulación universitaria, certificado de profesionalidad o itinerario de especialidades formativas del Catálogo de Especialidades Formativas del Sistema Nacional de Empleo. No obstante, podrán formalizarse contratos de formación en alternancia con varias empresas en base al mismo ciclo, certificado de profesionalidad o itinerario de especialidades del Catálogo citado, siempre que dichos contratos respondan a distintas actividades vinculadas al ciclo, al plan o al programa formativo y sin que la duración máxima de todos los contratos pueda exceder el límite previsto en el apartado anterior.

- El tiempo de trabajo efectivo, que habrá de ser compatible con el tiempo dedicado a las actividades formativas en el centro de formación, no podrá ser superior al 65 por ciento, durante el primer año, o al 85 por ciento, durante el segundo, de la jornada máxima prevista en el convenio colectivo de aplicación en la empresa, o, en su defecto, de la jornada máxima legal. Cabe la posibilidad de que el contrato se celebre tanto a jornada completa como a tiempo parcial.

- No se podrán celebrar contratos formativos en alternancia cuando la actividad o puesto de trabajo correspondiente al contrato haya sido desempeñado con anterioridad por la persona trabajadora en la misma empresa bajo cualquier modalidad por tiempo superior a seis meses.

- Las personas contratadas con contrato de formación en alternancia no podrán realizar horas complementarias ni horas extraordinarias, salvo en el supuesto previsto en el artículo 35.3 del TRLET. Tampoco podrán realizar trabajos nocturnos ni trabajo a turnos. Excepcionalmente, podrán realizarse actividades laborales en los citados periodos cuando las actividades formativas para la adquisición de los aprendizajes previstos en el plan formativo no puedan desarrollarse en otros periodos, debido a la naturaleza de la actividad.

- No podrá establecerse periodo de prueba en estos contratos.

- La retribución será la establecida para estos contratos en el convenio colectivo de aplicación. En defecto de previsión convencional, la retribución no podrá ser inferior al 60 por ciento el primer año ni al 75 por ciento el segundo, respecto de la fijada en convenio para el grupo profesional y nivel retributivo correspondiente a las funciones desempeñadas, en proporción al tiempo de trabajo efectivo. En ningún caso la retribución podrá ser inferior al salario mínimo interprofesional en proporción al tiempo de trabajo efectivo. Por lo que hace referencia a la cotización de este tipo de contrato, se llevará a cabo por las cuotas fijas que establezca cada año la correspondiente Orden de Cotización. En el caso de que se supere la base mínima vigente, el exceso cotizará de acuerdo con los tipos de cotización ordinarios.

6.3. El contrato formativo para la obtención de práctica profesional adecuada al nivel de estudios

Las reglas básicas de esta segunda modalidad contractual formativa son las siguientes:

- Podrá concertarse con quienes estuviesen en posesión de un título universitario o de un título de grado medio o superior, especialista, máster profesional o certificado del sistema de formación profesional, así como con quienes posean un título equivalente de enseñanzas artísticas o deportivas del sistema educativo, que habiliten o capaciten para el ejercicio de la actividad laboral.

- Deberá concertarse dentro de los tres años, o de los cinco años si se concierta con una persona con discapacidad, siguientes a la terminación de los correspondientes estudios. No podrá suscribirse con quien ya haya obtenido experiencia profesional o realizado actividad formativa en la misma actividad dentro de la empresa por un tiempo superior a tres meses, sin que se computen a estos efectos los periodos de formación o prácticas que formen parte del currículo exigido para la obtención de la titulación o certificado que habilita esta contratación.

- La duración de este contrato no podrá ser inferior a seis meses ni exceder de un año. Dentro de estos límites los convenios colectivos de ámbito sectorial estatal o autonómico, o en su defecto, los convenios colectivos sectoriales de ámbito inferior podrán determinar su duración, atendiendo a las características del sector y de las prácticas profesionales a realizar. Ninguna persona podrá ser contratada en la misma o distinta empresa por tiempo superior a los máximos previstos. Tampoco podrá ser contratado en formación en la misma empresa para el mismo puesto de trabajo por tiempo superior a los máximos previstos, aunque se trate de distinta titulación o distinto certificado.

- Los títulos de grado, máster y doctorado correspondientes a los estudios universitarios no se considerarán la misma titulación, salvo que al ser contratado por primera vez mediante un contrato para la realización de práctica profesional la persona trabajadora estuviera ya en posesión del título superior de que se trate.

- Se podrá establecer un periodo de prueba que en ningún caso podrá exceder de un mes, salvo lo dispuesto en convenio colectivo.

- El puesto de trabajo deberá permitir la obtención de la práctica profesional adecuada al nivel de estudios o de formación objeto del contrato. La empresa elaborará el plan formativo individual en el que se especifique el contenido de la práctica profesional, y asignará tutor o tutora que cuente con la formación o experiencia adecuadas para el seguimiento del plan y el correcto cumplimiento del objeto del contrato.

- A la finalización del contrato, la persona trabajadora tendrá derecho a la certificación del contenido de la práctica realizada.

- Las personas contratadas con contrato de formación para la obtención de práctica profesional no podrán realizar horas extraordinarias, salvo en el supuesto previsto en el artículo 35.3.

- La retribución por el tiempo de trabajo efectivo –que podrá ser a jornada completa o a tiempo parcial– será la fijada en el convenio colectivo aplicable en la empresa para estos contratos o en su defecto la del grupo profesional y nivel retributivo correspondiente a las funciones desempeñadas. En ningún caso la retribución podrá ser inferior a la retribución mínima establecida para el contrato para la formación en alternancia ni al salario mínimo interprofesional en proporción al tiempo de trabajo efectivo.

- Reglamentariamente se desarrollará el alcance de la formación correspondiente al contrato de formación para la obtención de prácticas profesionales, particularmente, en el caso de acciones formativas específicas dirigidas a la digitalización, la innovación o la sostenibilidad, incluyendo la posibilidad de microacreditaciones de los sistemas de formación profesional o universitaria.

6.4. Reglas comunes a ambas modalidades formativas

- La acción protectora de la Seguridad Social de las personas que suscriban un contrato formativo comprenderá todas las contingencias protegibles y prestaciones, incluido el desempleo y la cobertura del Fondo de Garantía Salarial.

- Las situaciones de incapacidad temporal, nacimiento, adopción, guarda con fines de adopción, acogimiento, riesgo durante el embarazo, riesgo durante la lactancia y violencia de género interrumpirán el cómputo de la duración del contrato.

- El contrato, que deberá formalizarse por escrito, incluirá obligatoriamente el texto del plan formativo individual en el que se especifiquen el contenido de las prácticas o la formación y las actividades de tutoría para el cumplimiento de sus objetivos. Igualmente, incorporará el texto de los acuerdos y convenios de cooperación suscritos.

- Los límites de edad y en la duración máxima del contrato formativo no serán de aplicación cuando se concierte con personas con discapacidad o con los colectivos en situación de exclusión social en los casos en que sean contratados por parte de empresas de inserción que estén cualificadas y activas en el registro administrativo correspondiente. Reglamentariamente se establecerán dichos límites.

- Mediante convenio colectivo de ámbito sectorial estatal, autonómico o, en su defecto, en los convenios colectivos sectoriales de ámbito inferior, se podrán determinar los puestos de trabajo, actividades, niveles o grupos profesionales que podrán desempeñarse por medio de contrato formativo.

- Las empresas que estén aplicando algunas de las medidas de flexibilidad interna reguladas en los artículos 47 (ERTE) y 47 bis (Mecanismo RED) del TRLET podrán concertar contratos formativos siempre que las personas contratadas bajo esta modalidad no sustituyan funciones o tareas realizadas habitualmente por las personas afectadas por las medidas de suspensión o reducción de jornada.

- Si al término del contrato la persona continuase en la empresa, no podrá concertarse un nuevo periodo de prueba, computándose la duración del contrato formativo a efectos de antigüedad en la empresa.

- Los contratos formativos celebrados en fraude de ley o aquellos respecto de los cuales la empresa incumpla sus obligaciones formativas se entenderán concertados como contratos indefinidos de carácter ordinario.

- Reglamentariamente se establecerán, previa consulta con las administraciones competentes en la formación objeto de realización mediante contratos formativos, los requisitos que deben cumplirse para la celebración de los mismos, tales como el número de contratos por tamaño de centro de trabajo, las personas en formación por tutor o tutora, o las exigencias en relación con la estabilidad de la plantilla.

- Las empresas que pretendan suscribir contratos formativos podrán solicitar por escrito al servicio público de empleo competente, información relativa a si las personas a las que pretenden contratar han estado previamente contratadas bajo dicha modalidad y la duración de estas contrataciones.

- Se contempla un amplio catálogo de obligaciones informativas de las empresas para con la representación legal de los trabajadores en relación con los contratos formativos.

7. El contrato temporal de fomento del empleo para personas con discapacidad

El artículo 49 de la Constitución ha sido reformado el día 15 de febrero de 2024 para eliminar las referencias que en el texto original se hacía a los "disminuidos". Actualmente, el precepto constitucional establece que las personas con discapacidad ejercen los derechos previstos en el Título I en condiciones de libertad e igualdad reales y efectivas, y añade que los poderes públicos impulsarán las políticas que garanticen la plena autonomía personal y la inclusión social de las personas con discapacidad en entornos universalmente accesibles, atendiendo particularmente las necesidades específicas de las mujeres y los menores con discapacidad.

En la actualidad, la Ley 43/2006 incluye importantes bonificaciones en las cuotas de la Seguridad Social, aplicables en el año 2025. De acuerdo con esta regulación, el régimen jurídico de estas contrataciones es el siguiente:

- Las empresas podrán contratar temporalmente para la realización de sus actividades, cualquiera que fuere la naturaleza de las mismas, trabajadores con discapacidad desempleados inscritos en la Oficina de Empleo, con un grado de discapacidad igual o superior al 33 % o pensionistas de la Seguridad Social que tengan reconocida una pensión de incapacidad permanente en el grado de total, absoluta o gran invalidez, y a pensionistas de clases pasivas que tengan reconocida una pensión de jubilación o de retiro por incapacidad permanente para el servicio o inutilidad.

- La duración de estos contratos no podrá ser inferior a doce meses ni superior a tres años. Cuando se concierten por un plazo inferior al máximo establecido podrán prorrogarse antes de su terminación por períodos no inferiores a doce meses.

- A la terminación del contrato el trabajador tendrá derecho a percibir una compensación económica equivalente a doce días de salario por año de servicio.

- No podrán realizar este tipo de contrataciones las empresas que, en los doce meses anteriores a la contratación, hayan extinguido contratos indefinidos por despido reconocido o declarado improcedente o por despido colectivo.

- El periodo de exclusión se contará a partir del reconocimiento o de la declaración de improcedencia del despido o de la extinción derivada del despido colectivo.

- En el caso de que las personas con discapacidad sean contratadas mediante el contrato temporal de fomento de empleo la bonificación ascenderá a 291,66 euros/mes (3.500 euros/año) durante toda la vigencia del contrato, salvo si se trata de trabajadores con discapacidad severa, en cuyo caso la bonificación asciende hasta 341,66 euros/mes (4.100 euros/año). Si se trata de un trabajador mayor de 45 años o de una mujer, tales bonificaciones se incrementarán en 50 euros/mes (600 euros/año), siendo compatibles entre sí ambos incrementos.

- A estos contratos les será de aplicación la subvención establecida en el artículo 12 del Real Decreto 1451/1983, de 11 de mayo, destinada a la adaptación de los puestos de trabajo o dotación de equipos de protección personal necesarios para evitar accidentes laborales al trabajador con discapacidad contratado o para eliminar barreras u obstáculos que impidan o dificulten el trabajo de los trabajadores con discapacidad.

- La transformación de los contratos de duración determinada regulados en esta disposición en contratos indefinidos dará derecho a la obtención de las subvenciones establecidas en el Real Decreto 1451/1983, de 11 de mayo.

- Los empresarios deberán contratar a los trabajadores a través de la Oficina de Empleo y formalizar los contratos por escrito en el modelo oficial que se facilite por el Servicio Público de Empleo.

8.   El contrato de relevo

8.1.   Contratos celebrados antes del 1 de abril de 2025

 El día 1 de abril de 2025 entra en vigor la reforma que, en esta materia, ha introducido el Real Decreto Ley 11/2024, de 23 de diciembre. Hasta ese momento, será aplicable la normativa anterior, que pasamos a exponer. Este contrato va vinculado siempre a la reducción de jornada de otro trabajador que pasa a la situación de jubilación parcial.

Así pues, nos encontramos con una doble situación:

▶ La del jubilado parcial

Para que el trabajador pueda acceder a la jubilación parcial, en los términos establecidos en el apartado 2 del artículo 215 de la Ley General de la Seguridad Social y demás disposiciones concordantes, deberá acordar con su empresa una reducción de jornada y de salario de entre un mínimo del 25% y un máximo del 50% (75% en algunos casos), conforme al citado artículo 166. Y la empresa deberá concertar simultáneamente un contrato de relevo, de acuerdo con lo establecido en el apartado siguiente, con objeto de sustituir la jornada de trabajo dejada vacante por el trabajador que se jubila parcialmente.

También se podrá concertar el contrato de relevo para sustituir a los trabajadores que se jubilen parcialmente después de haber cumplido la edad establecida en el artículo 205.1.a) y en la Disposición Transitoria Séptima de la Ley General de la Seguridad Social.

La ejecución del contrato a tiempo parcial por parte del jubilado parcial y su retribución serán compatibles con la pensión que la Seguridad Social reconozca al trabajador en concepto de jubilación parcial, extinguiéndose la relación laboral al producirse la jubilación total.

▶ **La del trabajador con contrato de relevo**

Se celebrará con un trabajador en situación de desempleo o que tuviese concertado con la empresa un contrato de duración determinada.

En los casos en que es preceptivo, la duración del contrato de relevo que se celebre como consecuencia de una jubilación parcial tendrá que ser **indefinida o, como mínimo, igual al tiempo que falte al trabajador sustituido para alcanzar la edad establecida** en el apartado 205.1.a) de la Ley General de la Seguridad Social o, transitoriamente, las edades previstas en la Disposición Transitoria Séptima. Si, al cumplir dicha edad, el trabajador jubilado parcialmente continuase en la empresa, el contrato de relevo que se hubiera celebrado por duración determinada podrá prorrogarse mediante acuerdo con las partes por períodos anuales, extinguiéndose en todo caso al finalizar el período correspondiente al año en el que se produzca la jubilación total del trabajador relevado.

En el caso de que la reducción de jornada sea del 75%, el contrato de relevo deberá alcanzar al menos una **duración igual al resultado de sumar dos años al tiempo que le falte al trabajador sustituido para alcanzar la edad de jubilación** a que se refiere el artículo 205.1.a) y la Disposición Transitoria Séptima de la Ley General de la Seguridad Social. En el supuesto de que el contrato se extinga antes de alcanzar la duración mínima indicada, el empresario estará obligado a celebrar un nuevo contrato en los mismos términos del extinguido por el tiempo restante.

En el caso del trabajador jubilado parcialmente después de haber cumplido la edad prevista en el apartado 205.1.a) de la Ley General de la Seguridad Social, o transitoriamente, las edades previstas en la Disposición Transitoria Séptima de la misma, la duración del contrato de relevo que podrá celebrar la empresa para sustituir la parte de jornada dejada vacante por el mismo podrá ser **indefinida o anual**. En este segundo supuesto, el contrato se prorrogará automáticamente por períodos anuales, extinguiéndose en todo caso al finalizar el período correspondiente al año en que se produzca la jubilación total del trabajador relevado.

Salvo en el supuesto de reducción del 75% de jornada, el contrato de relevo podrá celebrarse a jornada completa o a tiempo parcial. En todo caso, **la duración de la jornada deberá ser, como mínimo, igual a la reducción de jornada acordada por el trabajador sustituido**. El horario de trabajo del trabajador relevista podrá completar el del trabajador sustituido o simultanearse con él.

El **puesto de trabajo** del trabajador relevista podrá ser el mismo del trabajador sustituido. En todo caso, deberá existir una correspondencia entre las bases de cotización de ambos, en los términos previstos en el artículo 215.2 e) de la Ley General de la Seguridad Social.

En la negociación colectiva se podrán establecer medidas para impulsar la celebración de contratos de relevo.

Durante el periodo de disfrute de la jubilación parcial, empresa y trabajador cotizarán por la base de cotización que, en su caso, hubiere correspondido de seguir trabajando a jornada completa.

8.2. Contratos celebrados a partir del 1 de abril de 2025

- El régimen jurídico de la jubilación parcial, a partir de ese momento, es el que determina el Real Decreto Ley 11/2023. En cuanto al contrato de relevo, también a partir de esa fecha pasará a regirse por lo dispuesto los apartados 6 a 8 del artículo 12 del TRLET, en la redacción dada a los mismos por el mencionado Real Decreto Ley 11/2024.

- Para que el trabajador pueda acceder a la jubilación parcial **antes de alcanzar la edad ordinaria de jubilación**, la empresa **deberá** concertar simultáneamente un contrato de relevo indefinido y a tiempo completo con un trabajador en situación de desempleo o que tuviese concertado con la empresa un contrato de duración determinada. También podrá celebrarse un contrato fijo-discontinuo en los términos que se establezca reglamentariamente. El puesto de trabajo del trabajador relevista podrá ser el mismo o diferente al del trabajador sustituido pero, en todo caso, la base de cotización correspondiente al relevista no podrá ser inferior al 65 por ciento del promedio de las bases de cotización correspondientes a los seis últimos meses del período de base reguladora de la pensión de jubilación parcial.

- El contrato de relevo deberá mantenerse vigente desde la fecha de efectos de la jubilación parcial hasta, al menos, los dos años posteriores a la extinción de la jubilación parcial. En el supuesto de que el contrato se extinga antes de dicho plazo, el empresario estará obligado a celebrar un nuevo contrato de relevo en los mismos términos del extinguido. En caso de incumplimiento por parte del empresario de la presente obligación será responsable del reintegro de la pensión que haya percibido el pensionista a tiempo parcial.

- El puesto de trabajo del trabajador relevista podrá ser el mismo o diferente al del trabajador sustituido. En todo caso, deberá existir una correspondencia entre las bases de cotización de ambos, en los términos previstos en el texto refundido de la Ley General de la Seguridad Social. La compatibilidad efectiva entre trabajo y pensión permitirá la acumulación del tiempo de trabajo en periodos de días en la semana, semanas en el mes, meses en el año u otros periodos de tiempo, de conformidad con lo dispuesto en pacto individual o, en su caso, en la negociación colectiva, en todas sus expresiones, incluido el acuerdo de centro de trabajo, sin que en ningún ámbito se pueda limitar o impedir su uso.

- Sin embargo, cuando el trabajador acceda a la jubilación parcial **una vez alcanzada la edad ordinaria de jubilación**, se **podrá** celebrar un contrato de relevo, cuya jornada como mínimo será la dejada vacante por el jubilado parcial. Dicho contrato de relevo podrá ser por tiempo indefinido o de duración determinada. En este último supuesto su duración será coincidente con el tiempo en que se mantenga la jubilación parcial y, en todo caso, con un mínimo de un año.

- El contrato de relevo se celebrará con un trabajador en situación de desempleo o que tuviese concertado con la empresa un contrato de duración determinada, y el puesto de trabajo del trabajador relevista podrá ser el mismo o diferente del trabajador sustituido. La compatibilidad efectiva entre trabajo y pensión permitirá la acumulación del tiempo de trabajo en periodos de días en la semana, semanas en el mes, meses en el año u otros periodos de tiempo, de conformidad con lo dispuesto en pacto individual o, en su caso, en la negociación colectiva, en todas sus expresiones, incluido el acuerdo de centro de trabajo, sin que en ningún ámbito se pueda limitar o impedir su uso.

- Sea cual fuere la modalidad de acceso al contrato de relevo –obligatoria o potestativa– la ejecución del contrato a tiempo parcial y retribución del jubilado parcial serán compatibles con la pensión que la Seguridad Social reconozca al trabajador en concepto de jubilación parcial. Además, el horario de trabajo del trabajador relevista podrá completar el del trabajador sustituido o simultanearse con él.

8.3. Modalidad especial en la industria manufacturera

La Disposición Transitoria Cuarta, apartado 6, del vigente TRLGSS –en la redacción dada a la misma por el Real Decreto Ley 11/2024– establece que se seguirá aplicando la regulación para la modalidad de jubilación parcial con simultánea celebración de contrato de relevo, vigente con anterioridad a la entrada en vigor de la Ley 27/2011, de 1 de agosto, a pensiones causadas antes del 1 de enero de 2030, siempre y cuando se acredite el cumplimiento de los siguientes requisitos:

- Que el trabajador que solicite el acceso a la jubilación parcial realice directamente funciones que requieran esfuerzo físico o alto grado de atención en tareas de fabricación, elaboración o transformación, así como en las de montaje, puesta en funcionamiento, mantenimiento y reparación especializados de maquinaria y equipo industrial en empresas clasificadas como industria manufacturera.

- Que el trabajador que solicite el acceso a la jubilación parcial acredite un período de antigüedad en la empresa de, al menos, seis años inmediatamente anteriores a la fecha de la jubilación parcial. A tal efecto, se computará la antigüedad acreditada en la empresa anterior si ha mediado una sucesión de empresa en los términos previstos en el artículo 44 del TRLET, o en empresas pertenecientes al mismo grupo.

- Que en el momento del hecho causante de la jubilación parcial el porcentaje de trabajadores en la empresa cuyo contrato de trabajo lo sea por tiempo indefinido, supere el 75 por ciento del total de los trabajadores de su plantilla.

- Que la reducción de la jornada de trabajo del jubilado parcial se halle comprendida entre un mínimo de un 25 por ciento y un máximo del 67 por ciento, o del 80 por ciento para los supuestos en que el trabajador relevista sea contratado a jornada completa mediante un contrato de duración indefinida. Dichos porcentajes se entenderán referidos a la jornada de un trabajador a tiempo completo comparable.

- Que exista una correspondencia entre las bases de cotización del trabajador relevista y del jubilado parcial, de modo que la del trabajador relevista no podrá ser inferior al 65 por ciento del promedio de las bases de cotización correspondientes a los seis últimos meses del período de base reguladora de la pensión de jubilación parcial.

- Que se acredite un período de cotización de treinta y tres años en la fecha del hecho causante de la jubilación parcial, sin que a estos efectos se tenga en cuenta la parte proporcional correspondiente por pagas extraordinarias. A estos exclusivos efectos, solo se computará el período de prestación del servicio militar obligatorio o de la prestación social sustitutoria, con el límite máximo de un año.

Durante el período de disfrute de la jubilación parcial, empresa y trabajador cotizarán por el 80 por ciento de la base de cotización que, en su caso, hubiese correspondido al jubilado parcial de seguir trabajando este a jornada completa. Esta cotización se aplicará de forma gradual de acuerdo con la siguiente escala:

1. Durante el año 2025, la base de cotización será equivalente al 40 por ciento de la base de cotización que hubiera correspondido a jornada completa.

2. Durante el año 2026, la base de cotización será equivalente al 50 por ciento de la base de cotización que hubiera correspondido a jornada completa.

3. Durante el año 2027, la base de cotización será equivalente al 60 por ciento de la base de cotización que hubiera correspondido a jornada completa.

4. Durante el año 2028, la base de cotización será equivalente al 70 por ciento de la base de cotización que hubiera correspondido a jornada completa.

5. Durante el año 2029, la base de cotización será equivalente al 80 por ciento de la base de cotización que hubiera correspondido a jornada completa.

La compatibilidad efectiva entre trabajo y pensión permitirá la acumulación del tiempo de trabajo en periodos de días en la semana, semanas en el mes, meses en el año u otros periodos de tiempo, de conformidad con lo dispuesto en pacto individual o, en su caso, en la negociación colectiva, en todas sus expresiones, incluido el acuerdo de centro de trabajo, sin que en ningún ámbito se pueda limitar o impedir su uso.

9. Requisitos formales, comunicaciones y plazos para realizar contratos

De acuerdo con lo establecido en el artículo 8 del TRLET, el empresario está obligado a comunicar a la oficina pública de empleo, en el plazo de los diez días siguientes a su concertación y en los términos que reglamentariamente se determinen, el contenido de los contratos de trabajo que celebre o las prórrogas de los mismos, deban o no formalizarse por escrito.

Por otra parte, el empresario entregará a la representación legal de los trabajadores una copia básica de todos los contratos que deban celebrarse por escrito, a excepción de los contratos de relación laboral especial de alta dirección sobre los que se establece el deber de notificación a la representación legal de los trabajadores.

Con el fin de comprobar la adecuación del contenido del contrato a la legalidad vigente, esta copia básica contendrá todos los datos del contrato a excepción del número del documento nacional de identidad o del número de identidad de extranjero, el domicilio, el estado civil, y cualquier otro que, de acuerdo con la Ley Orgánica 1/1982, de 5 de mayo, de protección civil del derecho al honor, a la intimidad personal y familiar y a la propia imagen, pudiera afectar a la intimidad personal. El tratamiento de la información facilitada estará sometido a los principios y garantías previstos en la normativa aplicable en materia de protección de datos.

La copia básica se entregará por el empresario, en plazo no superior a diez días desde la formalización del contrato, a los representantes legales de los trabajadores, quienes la firmarán a efectos de acreditar que se ha producido la entrega. Posteriormente, dicha copia básica se enviará a la oficina de empleo. Cuando no exista representación legal de los trabajadores también deberá formalizarse copia básica y remitirse a la oficina de empleo.

Los representantes de la Administración, así como los de las organizaciones sindicales y de las asociaciones empresariales, que tengan acceso a la copia básica de los contratos en virtud de su pertenencia a los órganos de participación institucional que reglamentariamente tengan tales facultades, observarán sigilo profesional, no pudiendo utilizar dicha documentación para fines distintos de los que motivaron su conocimiento.

Esta copia se entregará por la empresa, en un plazo no superior a diez días desde su formalización, a la representación legal de las personas trabajadoras, que la firmarán a efectos de acreditar que se ha producido la entrega. Posteriormente, dicha copia se enviará a la oficina de empleo. Cuando no exista representación legal de las personas trabajadoras también deberá formalizarse copia básica y remitirse a la oficina de empleo.

En el caso de que se realice un Acuerdo de Trabajo a Distancia (ATD), en los términos establecidos en la Ley 10/2021, de 9 de julio, de trabajo a distancia, deberá realizarse por escrito. Este acuerdo podrá estar incorporado al contrato de trabajo inicial o realizarse en un momento posterior, pero en todo caso deberá formalizarse antes de que se inicie el trabajo a distancia. La empresa deberá entregar a la representación legal de las personas trabajadoras una copia de todos los acuerdos de trabajo a distancia que se realicen y de sus actualizaciones, excluyendo aquellos datos que, de acuerdo con la Ley Orgánica 1/1982, de 5 de mayo, de protección civil del derecho al honor, a la intimidad personal y familiar y a la propia imagen, pudieran afectar a la intimidad personal, de conformidad con lo previsto en el artículo 8.4 del Estatuto de los Trabajadores. El tratamiento de la información facilitada estará sometido a los principios y garantías previstos en la normativa aplicable en materia de protección de datos.

10. Obligaciones en materia de Seguridad Social derivadas de la contratación laboral: afiliación y alta

10.1. Afiliación

Los artículos 15 a 17 y 139 a 140 del TRLGSS y arts. 21 a 28 del Reglamento General de Inscripción y Afiliación aprobado por Real Decreto 84/1996, de 26 de enero (RGIA).

Deben afiliarse todos los trabajadores incluidos en el campo de aplicación del Régimen General (arts. 7.1.a) y, 136 TRLGSS), siempre que no hubieran sido afiliados con anterioridad. Así pues, la afiliación se producirá únicamente cuando se trate de la primera vez en la vida de una persona que lleva a cabo una actividad que supone su inclusión en el campo de aplicación de alguno de los regímenes (general o especiales) que componen el sistema de Seguridad Social.

Para la práctica de la afiliación se utilizará el modelo oficial de solicitud de afiliación denominado TA-1.

De este modo, cuando se vaya a celebrar un contrato de trabajo en el que el trabajador no está afiliado, procederá llevar a cabo preceptivamente este trámite ante la Tesorería General de la Seguridad Social. **El sujeto obligado a realizarlo es el empresario** (art. 139.1 TRLGSS).

En caso de incumplimiento por parte del empresario, podrá instar su afiliación el propio trabajador (art. 139.2 LGSS).

En última instancia, la afiliación podrá llevarse a cabo de oficio, en supuestos de incumplimiento por parte del sujeto obligado, por la Tesorería General de la Seguridad Social directamente o como consecuencia de la actuación de la Inspección de Trabajo y Seguridad Social, por orden superior, a instancia de los organismos gestores o por denuncia, queja o petición de los particulares (art. 139.2 LGSS).

Deberán presentarse las solicitudes de afiliación con anterioridad a la iniciación de la prestación de servicios del trabajador, en los mismos términos, medios y supuestos que para las altas iniciales (art. 32 RGIA).

Estas solicitudes se presentarán en la Dirección Provincial de la Tesorería General de la Seguridad Social o Administración de la misma.

El artículo 38.1 del RGIA establece que la afiliación podrá formalizarse también suministrando los documentos y datos correspondientes por medios o procedimientos electrónicos, informáticos o telemáticos. También puede utilizarse el registro electrónico de la Secretaría de Estado de la Seguridad Social, a través de la dirección electrónica seg-social.es.

La Dirección Provincial de la Tesorería General, una vez reconocido el derecho, expide el documento de afiliación al trabajador. Este documento contendrá los datos del trabajador, así como el número de afiliación asignado, que irá precedido de dos números, que representan la provincia en cuya Dirección Provincial de la Tesorería General se ha efectuado la afiliación. Este número de afiliación será **vitalicio y general**, pues sirve para todo el Sistema de la Seguridad Social, y exclusivo, pues la LGSS prohíbe la afiliación múltiple (arts. 8 y 15).

El art. 21 del RGIA prevé la asignación de un número de la Seguridad Social a cada ciudadano para la identificación del mismo en sus relaciones con la Seguridad Social, tanto para afiliados en alta como para beneficiarios de todo tipo de prestaciones del sistema. La solicitud de afiliación debe ir acompañada por el documento identificativo (DNI o Documento de identificación de extranjero y, en su caso, autorización administrativa para trabajar) así como del mencionado número de la Seguridad Social.

10.2. Alta

El alta en el Régimen General de la Seguridad Social debe solicitarse cada vez que se dé alguna de las circunstancias de inclusión en dicho Régimen previstas en el art. 136 de la LGSS.

El empresario está obligado a solicitar el alta de los trabajadores que ingresen a su servicio, ya sea documental o telemáticamente. Si el empresario incumpliese su obligación, podrá instar el alta el propio trabajador. También podrá efectuarse de oficio por la Dirección Provincial de la Tesorería General de la Seguridad Social directamente o como consecuencia de la actuación de la Inspección de Trabajo y Seguridad Social.

 Tras la publicación de la Orden ESSS/484/2013, de 26 de marzo, están obligados a incorporarse al Sistema RED las empresas, agrupaciones de empresas y demás sujetos responsables del cumplimiento de la obligación de cotizar encuadrados en cualquiera de los regímenes del Sistema de la Seguridad Social, con independencia del número de trabajadores que mantenga en alta.

Hay que tener en cuenta que los empresarios que contraten o subcontraten con otros la realización de obras o servicios correspondientes a la propia actividad de aquellos o que se presten de forma continuada en sus centros de trabajo deberán comprobar, con carácter previo al inicio de la prestación de la actividad contratada o subcontratada, la afiliación y alta en la Seguridad Social de cada uno de los trabajadores que estos ocupen en los mismos durante el periodo de ejecución de la contrata o subcontrata.

Esta obligación no será exigible cuando la actividad contratada se refiera exclusivamente a la construcción o reparación que pueda contratar el titular de un hogar respecto de su vivienda, así como cuando el propietario de la obra o industria no contrate su realización por razón de una actividad empresarial.

Con carácter general, la obligación se cumplimentará a través del Sistema RED, sin necesidad de confeccionar un documento físico ni de personarse en una Administración de la Seguridad Social. No obstante, cuando la solicitud se efectúa en la Administración de la Seguridad Social:

- Impreso oficial modelo TA-2, donde aparecen el nombre completo del trabajador, su número de afiliación, la razón social de la empresa y su Código de Cuenta de Cotización. Las solicitudes de alta deben ir firmadas por empresario y trabajador, mientras que las de baja únicamente debe firmarlas el empresario.

- Fotocopia del documento de afiliación (modelo TA-1).

- Documento de Identificación de la empresa.

- Documento identificativo (DNI o Documento de identificación de extranjero y, en su caso, autorización administrativa para trabajar) del trabajador.

 Tras la publicación de la Orden ESSS/484/2013, de 26 de marzo, están obligados a incorporarse al Sistema RED las empresas, agrupaciones de empresas y demás sujetos responsables del cumplimiento de la obligación de cotizar encuadrados en cualquiera de los regímenes del Sistema de la Seguridad Social, con independencia del número de trabajadores que mantenga en alta.

10.3. Plazos

	Plazo	Documento (*)
Afiliación	Previo al inicio de la primera actividad	TA.1 o Comunicación telemática
Alta	Previo al inicio de la actividad	TA.2 o Comunicación telemática

(*) El docuento correspondiente, cuando se confecciones en soporte papel, puede registrarse presencialmente o bien utilizando el registro eelectrónico de la Secretaría de Estado de la Seguridad Social.

Las altas en el Régimen General solicitadas fuera de plazo (es decir, todo lo que sea no presentar el alta con carácter previo al inicio de la prestación de servicios por parte del trabajador) solo tendrán efectos desde el día en que se formule la solicitud, salvo que, de aplicarse el sistema de autoliquidación de cuotas (Sistema RED) se haya producido su ingreso dentro de plazo reglamentario, en cuyo caso el alta retrotraerá sus efectos a la fecha en que se hayan ingresado las primeras cuotas correspondientes al trabajador de que se trate.

La obligación de cotizar nacerá en el momento de iniciarse la relación laboral.

 Si es la Administración la que lleva a cabo de oficio el alta, los efectos de esta se retrotraerán al momento en que los hechos que las motiven hayan sido conocidos por la propia Administración, o bien al inicio de las actuaciones inspectoras.

Alta	Obligación de cotizar	Acción protectora	Tipo de infracción
En plazo	Inicio relación laboral	Inicio relación laboral	—
Fuera de plazo	Inicio relación laboral	Fecha solicitud	Grave

Los empresarios conservarán, como mínimo, y archivados por orden cronológico, los justificantes del cumplimiento de las obligaciones relativas a las altas de sus trabajadores durante cuatro años, tipificándose como infracción leve el incumplimiento de tal obligación en el artículo 21.1 del texto refundido de la Ley de Infracciones y Sanciones en el Orden Social (TRLISOS).

A estos efectos, las obligaciones de conservación de los justificantes se considerarán cumplidas con la sola impresión, autorizada por la Tesorería General de la Seguridad Social, de los partes de alta y baja cuyos datos hubieran sido transmitidos al fichero general de afiliación por medios electrónicos, informáticos o telemáticos, en el momento en que le sean requeridos por los interesados o por una autoridad judicial o administrativa.

Atendiendo a su duración, los contratos de trabajo pueden ser de carácter indefinido o temporal. En el primer caso, las partes no pactan la fecha de finalización, produciéndose esta cuando concurre alguna de las causas de extinción que establece el Estatuto de los Trabajadores. La contratación indefinida puede tener incentivos económicos para las empresas en algunos casos, concretándose en bonificaciones en las cuotas de la Seguridad Social o en subvenciones. Uno de los colectivos afectados por esos incentivos es el de las personas con discapacidad.

Dentro de los contratos temporales, los contratos formativos tienen como finalidad principal favorecer el acceso al trabajo de personas con escasa formación, así como la incorporación al mismo de personas que han finalizado recientemente sus estudios. En la actualidad, estos contratos son el de formación en alternancia y el contrato formativo para la práctica profesional adecuada al nivel de estudios.

También son de naturaleza temporal los contratos de duración determinada por circunstancias de la producción y por sustitución. En estos casos, deben concurrir las causas que recoge el Estatuto de los Trabajadores y no pueden superarse las duraciones máximas previstas en esta norma.

Otras modalidades contractuales vigentes son el contrato fijo-discontinuo, con el que se formalizan relaciones laborales en las que se alternan periodos de actividad y de inactividad, y el contrato de relevo, que complementa la jornada de trabajo que reduce una persona que accede a la modalidad de jubilación parcial.

Por último, la celebración de un contrato de trabajo, en la medida en que constituye la formalización de una relación laboral, comporta necesariamente la tramitación del alta y, en su caso, de la afiliación a la Seguridad Social. Estos trámites se realizan ante la Tesorería General de la Seguridad Social.

UNIDAD DIDÁCTICA 3

Modificaciones laborales

Contenido & Objetivos

Introducción

1. Movilidad funcional: grupo profesional y funciones

2. Movilidad geográfica

3. Modificación sustancial de condiciones de trabajo

4. Causas de suspensión del contrato de trabajo

5. Causas de extinción del contrato de trabajo

6. Obligaciones formales, comunicaciones y plazos relacionados con modificaciones y extinciones de los contratos de trabajo: variación de datos y baja

7. Resumen de organismos que intervienen en la contratación laboral

Los **objetivos** de esta unidad son:

1. Analizar las modificaciones laborales más relevantes.

2. Conocer las causas y las obligaciones de una extinción de contrato.

Introducción

Esta unidad está dedicada a las modificaciones laborales, es decir, a los mecanismos de flexibilidad externa e interna en las empresas, exponiendo detalladamente las más relevantes de estas últimas:

- La movilidad funcional y geográfica.

- La modificación sustancial de las condiciones de trabajo.

- Las causas de suspensión del contrato de trabajo.

Se analizarán también las causas de extinción del contrato de trabajo, con especial referencia a los despidos, y las obligaciones formales que todas estas vicisitudes comportan en relación con la Seguridad Social, es decir, los Organismos públicos que intervienen en la gestión de la contratación laboral.

1. Movilidad funcional: grupo profesional y funciones

La movilidad funcional en el seno de la empresa, de acuerdo con lo establecido en el TRLET, se realizará con respeto a la dignidad del trabajador y tendrá únicamente las siguientes limitaciones:

- Las exigidas por las titulaciones académicas o profesionales precisas para ejercer la prestación laboral.

- Las derivadas de la pertenencia al grupo profesional.

La movilidad funcional para la realización de funciones no correspondientes al grupo profesional solo será posible si existiesen razones técnicas u organizativas que la justificasen y por el tiempo imprescindible para su atención.

En esta materia, la Reforma Laboral 2012 introdujo una importante novedad, que es la desaparición en el sistema de clasificación profesional de las categorías profesionales, haciendo referencia únicamente al grupo profesional.

Así, el TRLET regula el denominado ius variandi empresarial, que es la potestad que tiene el empresario de modificar las condiciones de trabajo de un trabajador en determinadas circunstancias, ya sea para atribuirle funciones de inferior categoría (ius variandi descendente) o bien funciones de superior categoría (ius variandi ascendente). Todo ello deberá llevarse a cabo con respeto a la dignidad del trabajador, distinguiendo entre:

▶ **La realización de funciones inferiores**

Deberá estar justificada por necesidades perentorias o imprevisibles de la actividad productiva, con comunicación de esta situación a los representantes de los trabajadores. En estos supuestos, el trabajador mantendrá el derecho a la retribución de origen. No cabrá invocar las causas de despido objetivo de ineptitud sobrevenida o de falta de adaptación en los supuestos de realización de funciones distintas de las habituales como consecuencia de la movilidad funcional.

▶ **La realización de funciones superiores**

El trabajador tendrá derecho a percibir la retribución correspondiente a las funciones efectivamente realizadas. Si como consecuencia de la movilidad funcional se realizasen funciones superiores a las del grupo profesional por un período superior a seis meses durante un año o a ocho durante dos años, el trabajador podrá reclamar el ascenso, si a ello no obsta lo dispuesto en convenio colectivo o, en todo caso, la cobertura de la vacante correspondiente a las funciones por él realizadas conforme a las reglas en materia de ascensos aplicables en la empresa, sin perjuicio de reclamar la diferencia salarial correspondiente. Estas acciones serán acumulables. Contra la negativa de la empresa, y previo informe del comité o, en su caso, de los delegados de personal, el trabajador podrá reclamar ante la jurisdicción competente.

 Si se pretendiera un cambio de funciones distintas de las pactadas no incluido en los supuestos anteriores, se requerirá el acuerdo de las partes o, en su defecto, el sometimiento a las reglas previstas para las modificaciones sustanciales de condiciones de trabajo previstas en el artículo 41 del TRLET o a las que a tal fin se hubieran establecido en convenio colectivo.

2. Movilidad geográfica

Regulada en el artículo 40 del TRLET, hace referencia al traslado de trabajadores —siempre que estos no hayan sido contratados específicamente para prestar sus servicios en empresas con centros de trabajo móviles o itinerantes— a un centro de trabajo distinto de la misma empresa que exija cambios de residencia.

En estos casos –en los que los representantes legales de los trabajadores tendrán prioridad de permanencia en los puestos de trabajo– se requerirá la existencia de razones económicas, técnicas, organizativas o de producción que lo justifiquen. Se considerarán tales las que estén relacionadas con la competitividad, productividad u organización técnica o del trabajo en la empresa, así como las contrataciones referidas a la actividad empresarial.

La decisión de traslado deberá ser notificada por el empresario al trabajador, así como a sus representantes legales, con una **antelación mínima de treinta días** a la fecha de su efectividad.

Notificada la decisión de traslado, el trabajador tendrá derecho a optar entre el traslado, percibiendo una compensación por gastos, que incluirá los de los familiares a cargo del trabajador, o la extinción de su contrato, percibiendo una indemnización de veinte días de salario por año de servicio, prorrateándose por meses los períodos de tiempo inferiores a un año y con un máximo de doce mensualidades.

No obstante, un trabajador puede llevar a cabo el traslado notificado por su empresa y, si se muestra disconforme con la decisión empresarial, podrá impugnarla ante la jurisdicción social, de manera que, si la sentencia declarara el traslado injustificado, se reconocerá el derecho del trabajador a ser reincorporado al centro de trabajo de origen.

Cuando el traslado **afecte a todos los trabajadores del centro de trabajo**, siempre que sean más de cinco, o bien afecte a un determinado número de trabajadores, que señalaremos a continuación, deberá ir precedido de un período de consultas con los representantes legales de los trabajadores y con conocimiento de la autoridad laboral de una duración no superior a quince días, debiendo versar sobre las causas motivadoras de la decisión empresarial y la posibilidad de evitar o reducir sus efectos, así como sobre las medidas necesarias para atenuar sus consecuencias para los trabajadores afectados. Tales proporciones son las siguientes:

- Diez trabajadores, en las empresas que ocupen menos de cien trabajadores, en un periodo de 90 días.

- El 10 % del número de trabajadores de la empresa en aquellas que ocupen entre cien y trescientos trabajadores, en un periodo de 90 días.

- Treinta trabajadores en las empresas que ocupen más de trescientos trabajadores, en un periodo de 90 días.

Durante el período de consultas, las partes deberán negociar de buena fe, con vistas a la consecución de un acuerdo. Dicho acuerdo requerirá la conformidad de la mayoría de los miembros del comité o comités de empresa, de los delegados de personal, en su caso, o de representaciones sindicales, si las hubiere, que, en su conjunto, representen a la mayoría de aquellos.

En los supuestos de ausencia de representación legal de los trabajadores en la empresa, los trabajadores podrán atribuir su representación para la negociación del acuerdo con la empresa a una comisión de un máximo de tres miembros integrada, según su representatividad, por los sindicatos más representativos y representativos del sector al que pertenezca la empresa designados por la Comisión paritaria del convenio colectivo aplicable a esta. Sus acuerdos requerirán el voto favorable de la mayoría de sus miembros.

La designación deberá realizarse en un plazo de cinco días a contar desde el inicio del periodo de consultas, sin que la falta de designación pueda suponer la paralización del mismo. En ese caso, el empresario podrá atribuir su representación a las organizaciones empresariales del sector.

Tras la finalización del período de consultas, el empresario notificará a los trabajadores su decisión sobre el traslado. Desde la Reforma Laboral 2012, ha desaparecido la posibilidad de que la autoridad laboral, a la vista de las posiciones de las partes y siempre que las consecuencias económicas o sociales de la medida así lo justifiquen, pueda ordenar paralización de la efectividad del traslado, que antes de la Reforma era posible por un período de tiempo que, en ningún caso, podía ser superior a seis meses.

Como es lógico, estas decisiones son recurribles ante la jurisdicción social, tanto individualmente como en conflicto colectivo.

3. Modificación sustancial de condiciones de trabajo

El artículo 41 del TRLET regula las modificaciones sustanciales de las condiciones de trabajo. De acuerdo con lo establecido en este precepto, la dirección de la empresa, cuando existan probadas razones económicas, técnicas, organizativas o de producción –relacionadas con la competitividad, productividad u organización técnica o del trabajo en la empresa– podrá acordar modificaciones sustanciales de las condiciones de trabajo, teniendo tal consideración, entre otras, las que afecten a las siguientes materias:

- Jornada de trabajo.

- Sistema de remuneración y cuantía salarial.

- Horario y distribución del tiempo de trabajo.

- Sistema de trabajo y rendimiento.

- Régimen de trabajo a turnos.

- Funciones, cuando excedan de los límites que para la movilidad funcional prevé el artículo 39 del propio TRLET.

Las modificaciones sustanciales de las condiciones de trabajo podrán afectar a las condiciones reconocidas a los trabajadores en el contrato de trabajo, en acuerdos o pactos colectivos o disfrutadas por estos en virtud de una decisión unilateral del empresario de efectos colectivos. Se considera de carácter colectivo la modificación que, en un período de noventa días, afecte al menos a:

- Diez trabajadores, en las empresas que ocupen menos de cien trabajadores.

- El 10% del número de trabajadores de la empresa en aquellas que ocupen entre cien y trescientos trabajadores.

- Treinta trabajadores, en las empresas que ocupen más de trescientos trabajadores.

Se considera de carácter individual la modificación que, en el periodo de referencia establecido, no alcance los umbrales señalados para las modificaciones colectivas. La decisión de modificación sustancial de condiciones de trabajo de carácter individual deberá ser notificada por el empresario al trabajador afectado y a sus representantes legales con una antelación mínima de 15 días a la fecha de su efectividad.

En los supuestos de modificaciones sustanciales, con la única excepción de las que afecten a sistema de trabajo y rendimiento, si el trabajador resultase perjudicado por la modificación substancial tendrá derecho a rescindir su contrato y percibir una indemnización de veinte días de salario por año de servicio prorrateándose por meses los períodos inferiores a un año y con un máximo de nueve meses. El trabajador puede también aceptar la decisión empresarial y, si está disconforme, impugnarla ante la jurisdicción social, debiendo ser repuesto en sus anteriores condiciones si la sentencia declarara la modificación injustificada.

La decisión de modificación sustancial de condiciones de trabajo de carácter colectivo deberá ir precedida de un **período de consultas con los representantes legales de los trabajadores** de duración no superior a quince días.

En las empresas en las que no exista representación legal de los mismos, estos podrán optar por atribuir su representación para la negociación del acuerdo, a su elección, a una comisión de un máximo de tres miembros integrada por trabajadores de la propia empresa y elegida por estos democráticamente o a una comisión de igual número de componentes designados, según su representatividad, por los sindicatos más representativos del sector al que pertenezca la empresa y que estuvieran legitimados para formar parte de la comisión negociadora del convenio colectivo de aplicación a la misma.

El empresario y la representación de los trabajadores podrán acordar en cualquier momento la sustitución del periodo de consultas por el procedimiento de mediación o arbitraje que sea de aplicación en el ámbito de la empresa, que deberá desarrollarse dentro del plazo máximo señalado para dicho periodo. La decisión sobre la modificación colectiva de las condiciones de trabajo será notificada por el empresario a los trabajadores una vez finalizado el periodo de consultas sin acuerdo y surtirá efectos en el plazo de los siete días siguientes a su notificación. Contra la notificación por parte del empresario de la modificación, se podrá reclamar en conflicto colectivo, sin perjuicio de la acción individual ante la jurisdicción social.

Hay que señala que el Tribunal Constitucional, en Sentencia de 22 de enero de 2015 (Recurso 5610/2012) se ha pronunciado sobre esta regulación introducida por la Ley 3/2012, que atribuye al empresario la facultad de modificar unilateralmente las condiciones de trabajo previstas en "acuerdos o pactos colectivos", es decir, los conocidos como "extraestatutarios", "impropios" o "de eficacia limitada".

La sentencia rechaza que se produzca la infracción de los artículos 37.1 CE (derecho a la negociación colectiva) y 28.1 CE (libertad sindical) de la Constitución en la medida en que la limitación del derecho a la negociación colectiva persigue la finalidad de "procurar el mantenimiento del puesto de trabajo en lugar de su destrucción". Además, a juicio del Tribunal Constitucional, el ejercicio de la facultad empresarial de modificación unilateral de las condiciones de trabajo "se concibe únicamente como alternativa al fracaso de la negociación previa y preceptiva con los representantes de los trabajadores".

Para finalizar, hay que tener en cuenta que Ley 10/2021, de 9 de julio, de trabajo a distancia, establece expresamente que el trabajo a distancia será voluntario para la persona trabajadora y para la empleadora y requerirá la firma del Acuerdo de Trabajo a Distancia (ADT), que podrá formar parte del contrato inicial o realizarse en un momento posterior, sin que pueda ser impuesto en aplicación del artículo 41 del TRLET. Por otra parte, la negativa de la persona trabajadora a trabajar a distancia, el ejercicio de la reversibilidad al trabajo presencial y las dificultades para el desarrollo adecuado de la actividad laboral a distancia, que estén exclusivamente relacionadas con el cambio de una prestación presencial a otra que incluya trabajo a distancia, no serán causas justificativas de la extinción de la relación laboral ni de la modificación sustancial de las condiciones de trabajo.

Por ejemplo: una empresa comunica a uno de sus trabajadores de su centro de trabajo de Madrid que, como consecuencia de un problema organizativo, derivado de desajustes en la plantilla de su centro de trabajo de Málaga, el trabajador deberá desplazarse en el mes de mayo de 2025 a esa ciudad durante un periodo de 4 meses para desarrollar allí su actividad hasta que se solucione ese problema organizativo. El trabajador se pregunta si tiene derecho a alguna compensación por los gastos derivados de ese desplazamiento.

En estos casos, ya que el trabajador deberá residir en población distinta de la de su domicilio habitual, la empresa abonará, además de los salarios, lo siguiente:

- Los gastos de viaje.
- Las dietas.

4. Causas de suspensión del contrato de trabajo

El TRLET, en su art. 45.1 determina los supuestos en los cuales se entenderá suspendido el contrato de trabajo, con la consecuencia fundamental del cese en la obligación recíproca de trabajar y remunerar el trabajo. Veamos estas **causas** de suspensión:

▶ **Mutuo acuerdo de las partes**

Se trata del pacto individual, siempre que dicho pacto sea lícito y no medie coacción, no vulnere mínimos de derecho necesario ni suponga renuncia de derechos indisponibles por parte del trabajador. En este supuesto, el derecho a reserva de puesto de trabajo estará sujeto a lo pactado por las partes.

▶ **Suspensión de sueldo y empleo, por razones disciplinarias**

Los trabajadores podrán ser sancionados por la dirección de las empresas en virtud de incumplimientos laborales, de acuerdo con la graduación de faltas y sanciones que establezcan las disposiciones o convenio colectivo aplicable. Es una consecuencia del poder de dirección del empresario, que conlleva el poder disciplinario.

▶ **Las consignadas válidamente en el contrato**

En este caso, el calificativo "válidamente" comporta directamente la definición de los límites básicos que hemos establecido en el apartado anterior. No obstante, hay que tener en cuenta que no solamente las causas que aparezcan en el contrato de trabajo obligan, ya que los acuerdos entre las partes pueden generar situaciones de suspensión del contrato de trabajo.

En este supuesto, el derecho a reserva de puesto de trabajo estará sujeto a lo pactado por las partes. En todos los supuestos de suspensión que vienen a continuación, al cesar las causas legales de suspensión, el trabajador tendrá derecho a la reincorporación al puesto de trabajo reservado.

▶ **Fuerza mayor temporal**

Recogida en el artículo 47 del TRLET. Esta causa de suspensión ha tenido aplicación específica en determinadas situaciones, tales como la crisis de la COVID-19 (Real Decreto Ley 8/2020) o la producida por la DANA de 29 de noviembre de 2024 (Real Decreto Ley 7/2024).

▶ **Incapacidad temporal de los trabajadores**

Son situaciones determinantes de la incapacidad temporal, tenga o no derecho a subsidio el trabajador en función de si cumple o no los requisitos de la normativa de Seguridad Social:

- Las debidas a enfermedad común o profesional, y a accidente sea o no de trabajo, así como las situaciones especiales de menstruación incapacitante secundaria, interrupción del embarazo, gestación desde la 39ª semana y donación de órganos para su trasplante, mientras el trabajador reciba asistencia sanitaria de la Seguridad Social y esté impedido para el trabajo, con una duración máxima de 365 días, prorrogables por otros 180 días cuando se presuma que durante ellos el trabajador pueda ser dado de alta médica por curación.

- Los períodos de observación por enfermedad profesional en los que se prescriba la baja en el trabajo durante los mismos, con una duración máxima de 6 meses, prorrogables por otros 6 meses cuando se estime necesario para el estudio y diagnóstico de la enfermedad.

▶ **Causas económicas, técnicas, organizativas o de producción**

Esta materia aparece regulada en el artículo 47 del TRLET, que ha sido desarrollado por el Real Decreto 1483/2012, de 29 de octubre, por el que se aprueba el Reglamento de los procedimientos de despido colectivo y de suspensión de contratos y reducción de jornada. El empresario podrá suspender el contrato de trabajo por causas económicas, técnicas, organizativas o de producción, tal como aparecen definidas en el artículo 47 del TRLET. El Real Decreto Ley 32/2021 ha introducido un nuevo artículo 47 bis para regular el denominado Mecanismo RED, que también contempla estas causas de suspensión del contrato de trabajo.

En la actualidad, el Real Decreto 608/2023, de 11 de julio, desarrolla este Mecanismo RED de Flexibilidad y Estabilización del Empleo, que fue aplicado en la práctica por primera vez en el sector de Agencias de Viaje, mediante Acuerdo del Consejo de Ministros de 29 de marzo de 2022, publicado por Orden PCM/250/2022, de 31 de marzo. Más recientemente, ha sido aplicado este mecanismo al sector de fabricación de vehículos de motor mediante Orden PJC/1472/2024, de 26 de diciembre.

▶ **Nacimiento y cuidado de menor, guarda con fines de adopción o acogimiento de menores de 6 años o con discapacidad o dificultades de inserción social**

Nacimiento, adopción, guarda con fines de adopción o acogimiento, de conformidad con el Código Civil o las leyes civiles de las Comunidades Autónomas que lo regulen, de menores de seis años o de menores de edad mayores de seis años con discapacidad o que por sus circunstancias y experiencias personales o por provenir del extranjero, tengan especiales dificultades de inserción social y familiar debidamente acreditadas por los servicios sociales competentes.

▶ **Riesgo durante el embarazo y riesgo durante la lactancia natural de un menor de nueve meses**

En estos supuestos, en los términos previstos en el artículo 26 de la Ley 31/1995, de 8 de noviembre, de Prevención de Riesgos Laborales, la suspensión del contrato finalizará cuando desaparezca la imposibilidad de la trabajadora de reincorporarse a su puesto anterior o a otro compatible con su estado.

▶ **Ejercicio de cargo público representativo**

En el caso de que el cumplimiento del deber público suponga una falta de trabajo de más del 20% de las horas laborales en 3 meses, el empleador puede obligar al trabajador a estar en suspensión de su contrato (art. 37.3. d). El trabajador deberá reincorporarse en el plazo máximo de 30 días naturales a partir de la cesación en el cargo.

▶ **Privación de libertad del trabajador, mientras no exista sentencia condenatoria**

Una vez exista sentencia, procederá lo que en cada caso resulte del contenido de la misma.

▶ **Excedencia forzosa**

La excedencia forzosa da derecho a la conservación del puesto de trabajo, y al cómputo de la antigüedad de su vigencia, algo que puede no ocurrir con la voluntaria, que únicamente da lugar a un derecho preferente de reingreso en vacantes dentro del grupo profesional y que, además, requiere una antigüedad mínima en la empresa de 1 año y una duración de entre 4 meses y 5 años.

Ambas están reguladas en el artículo 46 del TRLET. El reingreso debe ser solicitado dentro del mes siguiente al cese en el cargo que originó la situación de excedencia forzosa.

Por otra parte, los trabajadores tendrán derecho a un período de excedencia de duración no superior a tres años para atender al cuidado de cada hijo, tanto cuando lo sea por naturaleza, como por adopción, o en los supuestos de acogimiento, tanto permanente como preadoptivo, aunque estos sean provisionales, a contar desde la fecha de nacimiento o, en su caso, de la resolución judicial o administrativa.

Si la finalidad es el cuidado de un familiar hasta el segundo grado por razones de edad, accidente, enfermedad o discapacidad, la duración máxima será de dos años. En estos casos, el periodo en excedencia computa para antigüedad y se reserva el puesto de trabajo durante el primer año –o hasta 15 meses en familias numerosas de categoría general o 18 meses en familias numerosas de categoría especial- y a partir de entonces, la reserva se referirá a un puesto del mismo grupo profesional.

Si dos o más trabajadores de la misma empresa generasen este derecho por el mismo sujeto causante, el empresario podrá limitar su ejercicio simultáneo por razones justificadas de funcionamiento de la empresa.

▶ **Por el ejercicio del derecho de huelga**

La norma se refiere al ejercicio regular del derecho de huelga, que es un derecho fundamental regulado en el artículo 28 de la Constitución española.

▶ **Cierre legal de la empresa**

Este apartado tiene un sentido análogo al supuesto legal de huelga. El cierre patronal suspende el contrato mientras se encuentre dentro de los términos establecidos en la normativa vigente.

▶ **Por decisión de la persona trabajadora que se vea obligada a abandonar su puesto de trabajo como consecuencia de ser víctima de violencia de género o de violencia sexual**

Este apartado fue introducido por la Ley Orgánica 1/2004, de 28 de diciembre, de Medidas de Protección Integral contra la Violencia de Género. El período de suspensión tendrá una duración inicial que no podrá exceder de seis meses, salvo que de las actuaciones de tutela judicial resultase que la efectividad del derecho de protección de la víctima requiriese la continuidad de la suspensión. En este caso, el juez podrá prorrogar la suspensión por períodos de tres meses, con un máximo de dieciocho meses (art. 48.10 TRLET).

▶ **Disfrute del permiso parental**

Recogido en el artículo 48.bis del TRLET.

Las **consecuencias** de estas suspensiones respecto a la Seguridad Social son diversas, de manera que pueden darse distintas situaciones:

- Supuestos de suspensión que conllevan baja en Seguridad Social: así ocurre, por ejemplo, con las acordadas por las partes o las consignadas en el contrato.

- Supuestos de suspensión que suponen situaciones asimiladas al alta: son los casos de excedencia forzosa o la antigua suspensión por cumplimiento de servicio militar o prestación social sustitutoria.

- Supuestos de suspensión que suponen situaciones de alta especial: se produce en los casos de huelga o cierre patronal.

- Finalmente, supuestos de suspensión en los que el trabajador continúa en situación de alta en Seguridad Social: así ocurre, por ejemplo, con el nacimiento y cuidado de menor, el riesgo durante el embarazo o el riesgo durante la lactancia natural.

5. Causas de extinción del contrato de trabajo

El TRLET, en su artículo 49, enumera las distintas causas de extinción del contrato de trabajo:

▶ **Por mutuo acuerdo de las partes**

Tal como hemos señalado en los supuestos de suspensión, se trata del pacto individual, siempre que dicho pacto sea lícito y no medie coacción, no vulnere mínimos de derecho necesario ni suponga renuncia de derechos indisponibles por parte del trabajador.

▶ **Por las causas consignadas válidamente en el contrato**

Salvo que las mismas constituyan abuso de derecho manifiesto por parte del empresario. En este caso se refuerza excluyendo expresamente la posibilidad de que se produzca abuso de derecho manifiesto por parte del empresario.

▶ **Por expiración del tiempo convenido o realización de la obra o servicios objeto del contrato**

A la finalización del contrato, excepto en los casos de contratos de interinidad y de los contratos formativos, el trabajador tendrá derecho a recibir una indemnización de cuantía equivalente a la parte proporcional de la cantidad que resultaría de abonar doce días de salario por cada año de servicio, o la establecida, en su caso, en la normativa específica que sea de aplicación.

Hay que tener en cuenta que los contratos de duración determinada que tengan establecido plazo máximo de duración, incluidos los contratos en prácticas y para la formación, concertados por una duración inferior a la máxima legalmente establecida, se entenderán prorrogados automáticamente hasta dicho plazo cuando no medie denuncia o prórroga expresa y el trabajador continúe prestando servicios. Expirada dicha duración máxima o realizada la obra o servicio objeto del contrato, si no hubiera denuncia y se continuara en la prestación laboral, el contrato se considerará prorrogado tácitamente por tiempo indefinido, salvo prueba en contrario que acredite la naturaleza temporal de la prestación.

Finalmente, si el contrato de trabajo de duración determinada es superior a un año, la parte del contrato que formule la denuncia está obligada a notificar a la otra la terminación del mismo con una antelación mínima de quince días.

▶ **Por dimisión del trabajador**

Por dimisión del trabajador, debiendo mediar el preaviso que señalen los convenios colectivos o la costumbre del lugar. En este caso, la norma exige que medie el preaviso que señalen los convenios colectivos o la costumbre del lugar.

La falta de tal preaviso puede comportar a favor del empresario la correspondiente indemnización, equivalente a tantos días de salario como días de preaviso haya omitido el trabajador.

El empresario podrá deducir del importe de la liquidación de saldo y finiquito del trabajador el importe de la indemnización correspondiente a la ausencia o insuficiencia de preaviso por parte de este.

▶ **Por muerte, gran invalidez o invalidez permanente total o absoluta del trabajador**

Sin perjuicio de lo dispuesto en el artículo 48.2 del TRLET. En estos casos, el trabajador podrá tener derecho a las prestaciones e indemnizaciones previstas en la normativa de Seguridad Social, pero no percibirá indemnizaciones del empresario, salvo que expresamente se haya pactado en convenio colectivo o en el propio contrato de trabajo. No obstante, hay que tener en cuenta que como consecuencia de lo dispuesto en la Sentencia del Tribunal de Justicia de la Unión Europea de 18 de enero de 2024 —que se analiza en el apartado de Jurisprudencia de esta Unidad— se ha presentado un Proyecto de Ley, publicado en el BOCG de 13 de septiembre de 2024, de reforma del Estatuto de los Trabajadores en este punto. El propósito de este Proyecto es evitar que la declaración de gran invalidez, Incapacidad permanente absoluta o incapacidad permanente total constituya automáticamente causa de extinción del contrato de trabajo.

▶ **Por jubilación del trabajador**

En este caso, el trabajador podrá tener derecho a las prestaciones correspondientes del Sistema de Seguridad Social, pero no a una indemnización por parte del empresario, salvo que expresamente se haya pactado en convenio colectivo o en el propio contrato de trabajo.

▶ **Por muerte, jubilación en los casos previstos en el régimen correspondiente de la Seguridad Social, o incapacidad del empresario**

Hay que comenzar señalando que tales circunstancias extinguen el contrato de trabajo, salvo si se produce sucesión de empresa en los términos establecidos en el artículo 44 del TRLET.

Por lo que se refiere a los derechos del trabajador afectado por esta causa de extinción, en los casos de muerte, jubilación o incapacidad del empresario, el trabajador tendrá derecho al abono de una cantidad equivalente a un mes de salario. Sin embargo, en los casos de extinción de la personalidad jurídica del contratante deberán seguirse los trámites del artículo 51 del TRLET, al que nos referiremos al tratar el despido colectivo.

▶ **Por fuerza mayor que imposibilite definitivamente la prestación de trabajo**

Siempre que su existencia haya sido debidamente constatada conforme a lo dispuesto en el apartado 7 del artículo 51 del TRLET. En este caso, dicha fuerza mayor debe haber sido debidamente constatada conforme a lo dispuesto en el art. 51.7 del TRLET, que como hemos señalado veremos al referirnos al despido colectivo.

▶ **Por despido colectivo**

Por despido colectivo fundado en causas económicas, técnicas, organizativas o de producción. Es aquel fundado en causas económicas, técnicas, organizativas o de producción, de acuerdo con lo establecido en el artículo 51 del TRLET cuando afecte a la totalidad de la plantilla por cierre empresarial basado en esas causas –debe afectar, al menos, a 5 trabajadores– o bien cuando la extinción afecte, en un periodo de 90 días, al menos a:

- 10 trabajadores en empresas menores de 100 trabajadores.

- 10% de la plantilla en empresas de entre 100 y 300 trabajadores.

- 30 trabajadores en empresas de 300 o más trabajadores.

- También serán despidos colectivos los que afecten a la totalidad de la plantilla, siempre que afecte a más de 5 trabajadores.

La indemnización prevista para el despido colectivo, al igual que para la extinción por causas objetivas, es de 20 días de salario por año de servicio, prorrateándose por meses los periodos de tiempo inferiores a un año y con un máximo de 12 mensualidades.

▶ **Por voluntad del trabajador, fundamentada en un incumplimiento contractual del empresario**

De acuerdo con lo establecido en el artículo 50 del TRLET, serán causas justas para que el trabajador pueda solicitar la extinción del contrato:

- Las modificaciones sustanciales en las condiciones de trabajo llevadas a cabo sin respetar lo previsto en el artículo 41 del TRLET y que redunden en menoscabo de la dignidad del trabajador.

- La falta de pago o retrasos continuados en el abono del salario pactado.

- Cualquier otro incumplimiento grave de sus obligaciones por parte del empresario, salvo los supuestos de fuerza mayor, así como la negativa del mismo a reintegrar al trabajador en sus anteriores condiciones de trabajo en los supuestos previstos en los artículos 40 y 41 del TRLET, cuando una sentencia judicial haya declarado los mismos injustificados.

En tales casos, el trabajador tendrá derecho a las indemnizaciones señaladas para el despido improcedente.

▶ **Por despido del trabajador**

El despido disciplinario es una decisión unilateral del empresario basada en un incumplimiento grave y culpable del trabajador, establecido en el art. 54 del TRLET en los siguientes supuestos:

- Faltas repetidas e injustificadas de asistencia o puntualidad al trabajo.

- Indisciplina o desobediencia en el trabajo.

- Ofensas al empresario o sus familiares o al personal de la empresa.

- Transgresión de la buena fe contractual y abuso de confianza.

- Disminución voluntaria y continuada del rendimiento normal o pactado.

- Embriaguez habitual o toxicomanía que perjudiquen el trabajo.

- El acoso por razón de origen racial o étnico, religión o convicciones, discapacidad, edad u orientación sexual y el acoso sexual o por razón de sexo al empresario o a las personas que trabajan en la empresa.

En cuanto a la calificación del despido, podrá ser una de las establecidas en los artículos 55 del TRLET y 108 de la Ley 36/2011, de 10 de octubre, reguladora de la Jurisdicción Social (LJS). Son las siguientes:

- Despido procedente

  Cuando quede acreditado el incumplimiento. No comporta derechos indemnizatorios a favor del trabajador.

- Despido improcedente

  Cuando no quede acreditado el incumplimiento o existan defectos de forma. En el caso de que el trabajador no sea readmitido, tendrá derecho a una indemnización equivalente a 33 días de salario por año de servicio, con un máximo de 24 mensualidades.

- Despido nulo

  Discriminatorio o atentatorio contra derechos fundamentales o libertades públicas del trabajador, especialmente el producido sobre trabajadoras embarazadas o dentro de los periodos de suspensión de contrato por nacimiento y cuidado de menor, riesgo durante el embarazo o la lactancia natural, disfrute del permiso parental a que se refiere el artículo 48 bis del TRLET, adopción o acogimiento, así como el de las trabajadoras víctimas de violencia de género por el ejercicio de los derechos de reducción o reordenación de su tiempo de trabajo, de movilidad geográfica, de cambio de centro de trabajo o de suspensión de la relación laboral, siempre que en todos los casos no existan causas de procedencia. El despido nulo tendrá el efecto de la readmisión inmediata del trabajador, con abono de los salarios dejados de percibir.

▶ **Por causas objetivas legalmente procedentes**

De acuerdo con lo establecido en los artículos 52 y 53 del TRLET, el contrato podrá extinguirse:

- Por ineptitud del trabajador conocida o sobrevenida con posterioridad a su colocación efectiva en la empresa. La ineptitud existente con anterioridad al cumplimiento de un periodo de prueba no podrá alegarse con posterioridad a dicho cumplimiento.

- Por falta de adaptación del trabajador a las modificaciones técnicas operadas en su puesto de trabajo, cuando dichos cambios sean razonables. Previamente el empresario deberá ofrecer al trabajador un curso dirigido a facilitar la adaptación a las modificaciones operadas. El tiempo destinado a la formación se considerará en todo caso tiempo de trabajo efectivo y el empresario abonará al trabajador el salario medio que viniera percibiendo. La extinción no podrá ser acordada por el empresario hasta que hayan transcurrido, como mínimo, dos meses desde que se introdujo la modificación o desde que finalizó la formación dirigida a la adaptación.

- Cuando exista la necesidad objetivamente acreditada de amortizar puestos de trabajo por causas económicas, técnicas, organizativas o de producción en número inferior al establecido para el despido colectivo. Se trata de supuestos en los que concurra alguna de las causas previstas en el art. 51.1 del TRLET –despido colectivo– y la extinción afecte a un número inferior al establecido en el mismo. Los representantes de los trabajadores tendrán prioridad de permanencia en la empresa en estos casos.

- En el caso de contratos por tiempo indefinido concertados directamente por entidades sin ánimo de lucro para la ejecución de planes y programas públicos determinados, sin dotación económica estable y financiados por las Administraciones Públicas mediante consignaciones presupuestarias o extrapresupuestarias anuales consecuencia de ingresos externos de carácter finalista, por la insuficiencia de la correspondiente consignación para el mantenimiento del contrato de trabajo de que se trate.

▶ **Por decisión de la persona trabajadora que se vea obligada a abandonar definitivamente su puesto de trabajo como consecuencia de ser víctima de violencia de género o de violencia sexual**

En estos casos, la persona trabajadora tendrá derecho a las medidas recogidas en la Ley Orgánica 1/2004, de 28 de diciembre, de Medidas de Protección Integral contra la Violencia de Género.

6. Obligaciones formales, comunicaciones y plazos relacionados con modificaciones y extinciones de los contratos de trabajo: variación de datos y baja

Del mismo modo que, en el caso de la contratación de un trabajador hemos visto que el empresario está obligado a solicitar su alta ante la Tesorería General de la Seguridad Social, una vez que el contrato se perfecciona y la relación laboral comienza a discurrir, pueden presentarse dos obligaciones adicionales en materia de Seguridad Social:

▶ **Comunicar a la propia Tesorería General de la Seguridad Social las variaciones que se produzcan en los datos de la contratación del trabajador que fueron reflejados en el alta**

Un empresario debe comunicar a la Seguridad Social –telemáticamente o, en su caso, en el documento TA2– las modificaciones que se puedan producir en el tipo de contrato de un trabajador o en la jornada del mismo.

En cuanto a las claves de los contratos formativos, hay que tener en cuenta que las modificaciones introducidas por la reforma laboral llevada a cabo por el Real Decreto Ley 32/2021, de 28 de diciembre, comportan lo siguiente:

- El contrato de formación en alternancia se identificará en el ámbito de afiliación con los siguientes códigos de contrato de trabajo:

    ⇨ 421: TEMP.TIEMPO COMPLETO. FORMACIÓN.ALTERNANCIA/AP.

    ⇨ 521: TEMP.TIEMPO PARCIAL. FORMACIÓN.ALTERNANCIA/AP.

- El contrato formativo para la obtención de la práctica profesional adecuada al nivel de estudios se identificará en el ámbito de afiliación con los mismos códigos actualmente utilizados para los contratos en prácticas a tiempo completo y parcial. Esto es:

    ⇨ 420 para los supuestos de jornada completa.

    ⇨ 520 para los supuestos de tiempo parcial.

Las variaciones que puedan producirse en los datos de los trabajadores en alta causarán efectos a partir del momento en que aquellas se produzcan siempre que sean comunicadas en tiempo y forma a la dirección provincial de la Tesorería General de la Seguridad Social o a la administración de la Seguridad Social.

El plazo es de 3 días naturales. En otro caso surtirán efectos a partir del día en que se comuniquen, salvo cuando la variación producida en una fecha anterior tuviera repercusión en la cotización, en cuyo caso retrotraerá sus efectos al día en que hubiera tenido lugar, procediendo tanto la reclamación de las cuotas que resulten exigibles como el derecho a la devolución de aquellas que hubieran sido ingresadas indebidamente, conforme a la normativa que resulte aplicable en cada caso, siempre que unas y otras no sean anteriores a los últimos cuatro años.

▶ **Formular la baja del trabajador ante la Tesorería General de la Seguridad Social cuando el contrato de trabajo finalice**

En este caso, el documento también es el TA-2 y el plazo también es de 3 días naturales a partir de aquel en el que se produce el cese.

En el caso de que la baja se tramite en tiempo y forma, producirá efectos desde el cese en la prestación de servicios por cuenta ajena.

Los sujetos obligados a comunicar estas variaciones y bajas incurrirán en las sanciones y en las responsabilidades que de su falta se deriven con anterioridad a la fecha en que la comunicación se produzca. El artículo 21.3 del TRLISOS (Real Decreto Legislativo 5/2000) tipifica estas infracciones como leves.

Podemos resumir las obligaciones del empresario en esta materia en el siguiente cuadro:

	Obligación de cotizar	Acción protectora	Tipo de infracción
Altas			
En plazo	Inicio relación laboral	Inicio relación laboral	—
Fuera de plazo	Inicio relación laboral	Fecha solicitud	Grave
Bajas			
En plazo	Fin relación laboral	Fin relación laboral	—
Fuera de plazo	Fecha solicitud	Fin relación laboral	Leve
Variaciones de datos			
En plazo	Fecha de la variación	Se mantiene	—
Fuera de plazo	Fecha de la variación	Se mantiene	Leve

7. Resumen de organismos que intervienen en la contratación laboral

Como consecuencia de las condiciones de forma del contrato, se derivarán unas obligaciones para los empresarios relacionadas con los siguientes organismos:

- El artículo 8.3 del TRLET establece que los empresarios están obligados a comunicar a la **Servicio Público de Empleo**, en el plazo de los diez días siguientes a su concertación y en los términos que reglamentariamente se determinen, el contenido de los contratos de trabajo que celebren o las prórrogas de los mismos (deban o no formalizarse por escrito).

  Esta obligación puede realizarse telemáticamente, en las condiciones reguladas en el Real Decreto 1424/2002, de 27 de diciembre y en la Orden TAS/770/2003, de 14 de marzo, haciendo uso de la aplicación web creada a tales efectos, denominada Comunicación de la Contratación Laboral (Contrat@), en la dirección https://www.sepe.es/ o la correspondiente de la Comunidad Autónoma.

- El empresario deberá entregar a la **representación legal de los trabajadores**, en un plazo no superior a diez días, una copia básica de todos los contratos que deban celebrarse por escrito, a excepción de los contratos de relación laboral especial de alta dirección sobre los que se establece el deber de notificación a la representación legal de los trabajadores; esta firmará la copia básica a efectos de acreditar que se ha producido la entrega.

  Posteriormente, dicha copia básica se enviará a la Oficina de Empleo, de manera presencial o bien telemáticamente mediante la aplicación Contrat@. Cuando no exista representación legal de los trabajadores también deberá formalizarse copia básica y remitirse a la oficina de empleo.

Con el fin de comprobar la adecuación del contenido del contrato a la legalidad vigente, esta copia básica contendrá todos los datos del contrato a excepción del número del documento nacional de identidad, el domicilio, el estado civil, y cualquier otro que, de acuerdo con la Ley Orgánica 1/1982, de 5 de mayo, de Protección Civil del Derecho al Honor, a la Intimidad Personal y Familiar y a la Propia Imagen pudiera afectar a la intimidad personal. El tratamiento de la información facilitada estará sometido a los principios y garantías previstos en la normativa aplicable en materia de protección de datos, es decir, la vigente Ley Orgánica 3/2018, de 5 de diciembre, de Protección de Datos Personales y garantía de los derechos digitales.

- La empresa deberá informar también de la contratación a la **Tesorería General de la Seguridad Social** en el momento de solicitar el alta del trabajador. A estos efectos, cada modalidad contractual tiene asignado un código numérico que el empresario deberá reflejar en la solicitud del alta del trabajador, ya sea por medios telemáticos mediante el Sistema RED que se complementa con la aplicación SILTRA, para la implementación del Sistema de Liquidación Directa o bien de manera presencial mediante la presentación del modelo de solicitud TA-2.

  Hay que tener en cuenta que, en la actualidad, es **obligatoria la utilización del Sistema RED** para las empresas, agrupaciones de empresas y demás sujetos responsables del cumplimento de la obligación de cotizar encuadrados en cualquiera de los regímenes del Sistema de la Seguridad Social, con independencia del número de trabajadores que mantenga en alta.

Durante el desarrollo de la relación laboral y en el momento de la extinción de la misma, el empresario deberá conservar el contrato de trabajo, así como los justificantes de haber realizado las comunicaciones a que nos hemos referido anteriormente. El empresario podrá ser requerido para aportar esos documentos por alguno de los siguientes organismos:

- **Inspección de Trabajo y Seguridad Social**

  Es un organismo administrativo que tiene atribuida por su Ley Ordenadora 23/2015, de 21 de julio (LOITSS), la competencia de vigilancia y exigencia del cumplimiento de las normas legales, reglamentarias y contenido normativo de los convenios colectivos, en materia de relaciones laborales individuales y colectivas.

- **Centros o Unidades de Mediación, Arbitraje y Conciliación de las Comunidades Autónomas**

  Su función es procurar la evitación del proceso judicial en los supuestos de extinciones contractuales, de acuerdo con lo establecido en el artículo 63 de la Ley 36/2011, de 10 de octubre, reguladora de la Jurisdicción Social (LJS), que dice que "será requisito previo para la tramitación del proceso el intento de conciliación ante el servicio administrativo correspondiente o ante el órgano que asuma estas funciones que podrá constituirse mediante los acuerdos inter-profesionales o los convenios colectivos".

- **Jurisdicción Social**

  Constituida en primera instancia por los Juzgados de lo Social y en ulteriores vías por las Salas de lo Social de los Tribunales Superiores de Justicia de las Comunidades Autónomas, la Sala de lo Social de la Audiencia Nacional y la Sala de lo Social del Tribunal Supremo. A esta jurisdicción atribuye la LJS el conocimiento de las cuestiones litigiosas que se promuevan entre empresarios y trabajadores como consecuencia del contrato de trabajo, salvo lo dispuesto en el Texto Refundido de la Ley Concursal, aprobado por Real Decreto Legislativo 1/2020, de 5 de mayo.

- **Jurisdicción Mercantil**

  En los términos establecidos en la mencionada Ley Concursal, cuando se produzca un concurso de acreedores en el que resulten interesados los trabajadores de una empresa por tener cantidades pendientes de abono.

En **materia de prevención de riesgos laborales**, las empresas estarán relacionadas con:

- La Inspección de Trabajo y Seguridad Social.

- El Organismo de la Comunidad Autónoma que tenga atribuida la competencia en materia de Prevención de Riesgos Laborales (normalmente las Consejerías o Departamentos de Trabajo o Empleo).

La relación laboral, durante su desarrollo, puede estar afectada por distintas vicisitudes. Entre las más destacadas están la movilidad funcional dentro del grupo profesional, la movilidad geográfica y las modificaciones sustanciales de las condiciones de trabajo que afecten a la jornada de trabajo, al horario y distribución del tiempo de trabajo, al régimen de trabajo a turnos, al sistema de remuneración y cuantía salarial, al sistema de trabajo y rendimiento, y a las funciones que comporten cambio de grupo profesional.

El contrato de trabajo también puede ser suspendido por las causas que recoge el Estatuto de los Trabajadores. Además de las que puedan acordar las partes y las que el propio contrato de trabajo pueda recoger, la norma establece determinadas circunstancias que provocan la suspensión del contrato tales como la incapacidad temporal, el nacimiento y cuidado de menor, los riesgos durante el embarazo y la lactancia natural, la fuerza mayor temporal o la excedencia forzosa, entre otras.

También recoge el Estatuto de los Trabajadores las causas de extinción del contrato de trabajo. En este caso, además de las que puedan acordar o consignar válidamente en el contrato las partes, la norma contempla supuestos específicos tales como el despido disciplinario, el despido colectivo o la extinción por causas objetivas, entre otros.

Por último, las modificaciones y extinciones contractuales también generan obligaciones en materia de Seguridad Social, tales como las variaciones de datos o las bajas, que deben ser tramitadas ante la Tesorería General de la Seguridad Social.

TEST DE UNIDADES DIDÁCTICAS

ENUNCIADOS

Unidad 1

1. ¿Cuáles son los sujetos del contrato del trabajo?:

a) Únicamente el trabajador.
b) El trabajador y el empresario.
c) El empresario.
d) Las asociaciones sindicales, el trabajador y el empresario.

2. Según establece el Texto Refundido de la Ley del Estatuto de los Trabajadores, podrá exigir que el contrato se formalice por escrito:

a) Por cualquiera de las partes cuando la relación laboral sea de duración superior a cuatro semanas.
b) Solo por el trabajador, siempre que sea asistido por un representante legal de los trabajadores en la empresa.
c) Solo por el empresario, por razones objetivamente fundadas.
d) Por cualquiera de las partes, incluso durante el transcurso de la relación laboral.

3. Tienen capacidad plena para contratar como trabajadores:

a) Los mayores de 18 años.
b) Los menores de 18 años emancipados.
c) Los menores de 18 años y mayores de 16 años, que vivan independientemente con el consentimiento de sus padres o tutores.
d) Todas son correctas.

4. Según el TRELET, la edad mínima de un trabajador para poder realizar un contrato de formación en alternancia es de:

a) 18 años.
b) 15 años.
c) 16 años.
d) 17 años.

5. ¿Cuál es la forma que debe poseer un contrato de trabajo para ser válido, según el Estatuto de los Trabajadores?:

a) Siempre por escrito.
b) Por escrito si lo exige una disposición legal.
c) Indistintamente por escrito o verbal según deseen las partes.
d) Por escrito, salvo autorización del Servicio Público de Empleo Estatal.

6. ¿Cuál de las siguientes notas no es característica del concepto de relación laboral?:

a) Voluntaria.
b) Prestar servicios por cuenta propia.
c) Bilateral.
d) Remunerada.

7. ¿Qué forma adoptará el contrato de trabajo indefinido?:

a) Por escrito cuando así lo exija una disposición legal o porque así lo deciden las partes.
b) Indistintamente por escrito o verbal según deseen las partes.
c) Siempre por escrito.
d) Por escrito cuando lo exija el Servicio de Empleo Público Estatal.

8. ¿Cuál de las siguientes es una fuente de la relación laboral subsidiaria?:

a) Los Convenios Colectivos.
b) Las disposiciones legales.
c) La voluntad de las partes.
d) Los usos y costumbres locales.

9. ¿Se puede disponer válidamente de los derechos reconocidos como indisponibles por Convenio Colectivo?:

a) Sí, siempre que lo establezca la ley.
b) No.
c) Sí, siempre que estén de acuerdo el empresario y el trabajador.
d) Sí, siempre que esté de acuerdo el trabajador.

10. ¿Qué efectos tendrá la nulidad de solo una parte del contrato?:

a) Este permanecerá válido en lo restante.
b) Será totalmente válido si la nulidad recae en elementos secundarios.
c) Se entenderá como no celebrado.
d) Será nulo.

Unidad 2

1. **¿Qué novedades son las más importantes del Real Decreto Ley 32/2021, de 28 de diciembre?:**

    a) Ha incorporado importantes novedades en materia de contratación temporal, respecto a los contratos de duración determinada y formativos.
    b) Ha incorporado novedades en materia de limitación de la jornada.
    c) Ha incorporado novedades en modificación de los convenios colectivos.
    d) Ha incorporado novedades respecto a la contratación indefinida.

2. **¿Cuál de las siguientes afirmaciones es correcta respecto al contrato de formación en alternancia?:**

    a) Este tipo de contrato está destinado exclusivamente a personas mayores de 30 años.
    b) El contrato de formación en alternancia combina trabajo remunerado con formación teórica.
    c) Los trabajadores bajo este contrato no tienen derecho a vacaciones.
    d) Este contrato no permite la realización de tareas relacionadas con la formación.

3. **¿Cuáles son los contratos de duración determinada a partir del 30 de marzo de 2022?:**

    a) Únicamente de sustitución.
    b) Únicamente de circunstancias de producción.
    c) De sustitución y de circunstancias de producción.
    d) Únicamente eventual.

4. **¿Cuáles son los contratos formativos a partir del 30 de marzo de 2022?:**

    a) Formación en la alternancia.
    b) Formación en alternancia y obtención de práctica profesional.
    c) Prácticas y aprendizaje.
    d) Prácticas.

5. **Según el artículo 34 del TRLET, ¿cuál es la duración máxima de la jornada ordinaria de trabajo?:**

    a) 35 horas semanales de trabajo efectivo.
    b) 40 horas semanales de trabajo efectivo de promedio en cómputo anual.
    c) 45 horas semanales de trabajo efectivo.
    d) 50 horas semanales de trabajo efectivo.

6. **¿Cuál de los siguientes no es, en ningún caso, un contrato de duración indefinida?:**

   a) Contratos de fomento de la contratación indefinida de la Ley.
   b) Contratos fijos-discontinuos.
   c) Contrato de relevo.
   d) Contrato de sustitución.

7. **¿Cuál de los siguientes es un contrato de duración temporal?:**

   a) Contratos incentivados con trabajadores con discapacidad.
   b) Contrato de relevo.
   c) Contrato de formación en alternancia.
   d) Contratos fijos-discontinuos.

8. **¿Qué carácter tiene la conversión de un trabajo a tiempo completo en un trabajo parcial?:**

   a) Voluntario para el trabajador.
   b) Voluntario para el empresario.
   c) Voluntario para ambas partes.
   d) Obligatorio para el trabajador.

9. **¿Cuál de los siguientes contratos no debe constar necesariamente por escrito?:**

   a) Contratos de trabajo de los pescadores.
   b) Contratos por tiempo indefinido.
   c) Contratos por tiempo determinado cuya duración sea superior a cuatro semanas.
   d) Contratos de prácticas y para la formación y el aprendizaje.

10. **¿De qué bonificación en las cuotas de la seguridad social se beneficiarán los Centros Especiales de Empleo que contraten indefinidamente a personas con discapacidad?:**

    a) 100%.
    b) 50%.
    c) 75%.
    d) 95%.

Unidad 3

1. **¿Cuál de las siguientes no es una limitación a la movilidad funcional en el seno de la empresa?:**

   a) La voluntad del trabajador.
   b) La dignidad del trabajador.
   c) Las exigidas por las titulaciones académicas o profesionales precisas para ejercer la prestación laboral.
   d) Las derivadas de la pertenencia al grupo profesional.

2. **¿Qué es el ius variandi empresarial?:**

   a) La potestad que tiene el empresario de modificar las condiciones de trabajo a su voluntad.
   b) La potestad que tiene el empresario de modificar las condiciones de trabajo en determinadas condiciones.
   c) La potestad que tiene el empresario de modificar las condiciones del contrato de sus trabajadores.
   d) La potestad que tiene el trabajador o el empresario de modificar las condiciones de trabajo a su voluntad.

3. **¿En qué artículo del TRLET se regula la movilidad geográfica?:**

   a) En el art. 4.
   b) En el art. 40.
   c) En el art. 89.
   d) En el art. 13.

4. **La decisión de traslado deberá ser notificada por el empresario al trabajador, así como a sus representantes legales:**

   a) Con una antelación mínima de cuarenta días.
   b) Con una antelación mínima de treinta días.
   c) Con una antelación mínima de doce días.
   d) Con una antelación mínima de veinte días.

5. En la movilidad geográfica, en el caso de que el trabajador dese extinguir el contrato, ¿qué indemnización percibirá?:

    a) Veinte días de salario por año de servicio prestado.
    b) Diez días de salario por año de servicio prestado.
    c) Treinta días de salario por año de servicio prestado.
    d) Cuarenta días de salario por año de servicio prestado.

6. ¿Qué ocurrirá en el caso de que el traslado afecte a todos los trabajadores del centro de trabajo?:

    a) Se procederá a realizar un período de consultas con los representantes legales de los trabajadores.
    b) Se procederá a realizar un período de consultas con las asociaciones de empresarios.
    c) Tendrá que notificarse de forma individual a cada trabajador.
    d) Se procederá a realizar un período de consultas con los representantes legales de los trabajadores y las asociaciones empresariales.

7. ¿Qué artículo regula la modificación sustancial de las condiciones de trabajo?:

    a) El art. 40 ET.
    b) El art. 41 ET.
    c) El art. 39 ET.
    d) El art. 38 ET.

8. ¿Cuál de las siguientes materias no puede modificarse en el caso de que el empresario desee llevar a cabo una modificación sustancial de las condiciones de trabajo?:

    a) Jornada de trabajo.
    b) Sistema de remuneración y cuantía salarial.
    c) Permisos y licencias.
    d) Régimen de trabajo a turnos.

9. ¿Cuándo se considerará el carácter colectivo en el caso de la modificación sustancial de las condiciones de trabajo?:

    a) Cien trabajadores, en las empresas que ocupen mil trabajadores.
    b) Diez trabajadores, en las empresas que ocupen menos de mil trabajadores.
    c) Diez trabajadores, en las empresas que ocupen menos de cien trabajadores.
    d) Veinte trabajadores, en las empresas que ocupen menos de cien trabajadores.

10. **¿Qué artículo regula las causas de suspensión del contrato de trabajo?:**

   a) El art. 40 ET.
   b) El art. 43 ET.
   c) El art. 46 ET.
   d) El art. 45 ET.

TEST DE UNIDADES DIDÁCTICAS

SOLUCIONES

Unidad 1

1. b)   El trabajador y el empresario.

2. d)   Por cualquiera de las partes, incluso durante el transcurso de la relación laboral.

3. d)   Todas son correctas.

4. c)   16 años.

5. b)   Por escrito si lo exige una disposición legal.

6. b)   Prestar servicios por cuenta propia.

7. a)   Por escrito cuando así lo exija una disposición legal o porque así lo deciden las partes.

8. d)   Los usos y costumbres locales.

9. b)   No.

10. a)   Este permanecerá válido en lo restante.

Unidad 2

1. a)   Ha incorporado importantes novedades en materia de contratación temporal, respecto a los contratos de duración determinada y formativos.

2. b)   El contrato de formación en alternancia combina trabajo remunerado con formación teórica.

3. c)   De sustitución y de circunstancias de producción.

4. b)   Formación en alternancia y obtención de práctica profesional.

5. b)   40 horas semanales de trabajo efectivo de promedio en cómputo anual.

6. d)   Contrato de sustitución.

7. c)   Contrato de formación en alternancia.

8. a)   Voluntario para el trabajador.

9. b)   Contratos por tiempo indefinido.

10. a)   100%.

Unidad 3

1. a) *La voluntad del trabajador.*

2. b) *La potestad que tiene el empresario de modificar las condiciones de trabajo en determinadas condiciones.*

3. b) *En el art. 40.*

4. b) *Con una antelación mínima de treinta días.*

5. a) *Veinte días de salario por año de servicio prestado.*

6. a) *Se procederá a realizar un período de consultas con los representantes legales de los trabajadores.*

7. b) *El art. 41 ET.*

8. c) *Permisos y licencias.*

9. c) *Diez trabajadores, en las empresas que ocupen menos de cien trabajadores.*

10. d) *El art. 45 ET.*

GLOSARIO

A la parte

Sistema de retribución típico en la pesca donde de un «monte mayor» constituido por el importe bruto de la pesca se deducen los beneficios del empresario y determinados gastos, quedando un «monte menor» que se distribuye entre los pescadores según el rol y en proporción a la parte acordada.

Abandono del trabajo

Decisión del trabajador de interrumpir definitivamente la prestación de su actividad laboral a través de su ausencia del lugar de trabajo, sin alegación de causa ni preaviso al empresario, lo que permite a este último extinguir el contrato y descontar de la liquidación del trabajador el salario correspondiente a los días no preavisados.

Absentismo laboral

Ausencia en el puesto de trabajo sin comunicación previa. El índice habitual de absentismo en las empresas está entre el 2% y el 4%.

Accidente de trabajo

Se entiende por accidente de trabajo toda lesión corporal que el trabajador sufra con ocasión o por consecuencia del trabajo que ejecute por cuenta ajena. En el trabajo por cuenta propia de los Regímenes Especiales Agrario, de trabajadores autónomos y de trabajadores del Mar, se entenderá como accidente de trabajo el ocurrido como consecuencia directa e inmediata del trabajo que realiza por su propia cuenta y que determina su inclusión en el campo de aplicación del régimen especial. La ley establece, además, diversas consideraciones y presunciones para determinar el concepto de accidente de trabajo.

Accidente no laboral

Lesión o alteración de la salud derivada de accidente siempre que este no sea consecuencia del trabajo realizado. Le corresponde la acción protectora en la misma forma que en la enfermedad común, sin exigencia de periodo previo de cotización, salvo para acceder a pensiones de incapacidad permanente absoluta o gran invalidez, o de muerte y supervivencia, desde situaciones de no-alta.

Acción civil

Derecho subjetivo público, anterior al proceso, a una tutela jurisdiccional específica, y referido a un interés jurídico concreto, que conceden las leyes para pedir la intervención de los órganos competentes del Poder Judicial.

Acción positiva

En Derecho comunitario, medidas dirigidas a un grupo determinado, con las que se pretende suprimir y prevenir una discriminación o compensar las desventajas resultantes de actitudes, comportamientos y estructuras existentes (denominadas, a veces, "discriminación positiva").

Acción protectora

Comprende el conjunto de prestaciones, en dinero o en especie, que el Sistema de la Seguridad Social establece para prever, reparar o superar los estados de necesidad nacidos o derivados de las contingencias o situaciones sufridas por los sujetos protegidos y determinadas en la Ley.

Acogimiento

Institución que tiene como fin la protección necesaria para la guarda de los menores en situación de desamparo, o por solicitud de padres y tutores, en circunstancias graves. Es una de las situaciones protegidas, mediante el subsidio por maternidad, durante los periodos de descanso que con motivo del acogimiento disfruten los trabajadores, abonándose el equivalente al 100% de la base reguladora. Se protege tanto el acogimiento preadoptivo como el permanente, e incluso el provisional.

Acta de infracción

Documento según modelo oficial que inicia el procedimiento sancionador, redactado por la Inspección de Trabajo y Seguridad Social, en el que se constatan determinados hechos con incumplimientos de normas laborales o de Seguridad Social.

Acta de liquidación

Documento redactado por la Inspección de Trabajo y Seguridad Social que inicia la tramitación de expedientes liquidatorios por deudas de Seguridad Social (faltas de afiliación y alta, diferencias de cotización, etc.).

Actividad económica

Cada uno de los distintos códigos representativos de la actividad realizada, recogidos en la clasificación nacional de actividades económicas (CNAE-93).

Acto de conciliación

Requisito previo para la tramitación de cualquier procedimiento por despido ante el Juzgado de lo Social. Exceptuándose de este requisito los procesos que exijan la reclamación previa en vía administrativa. Afecta al trabajador que reciba carta de despido alegando cualquier causa y al trabajador despedido verbalmente, impidiéndole el acceso al puesto de trabajo. En ambos casos, si el trabajador no considera justificada la acción empresarial, debe iniciar las actuaciones de conciliación.

Adopción

Acto jurídico por la que se concede la patria potestad sobre un menor, creando vínculos jurídicos de parentesco análogos a la filiación.

Afiliación

Inscripción del trabajador en el Registro de la Seguridad Social, obligatoria para las personas incluidas en su campo de aplicación y única para la vida de las mismas para todo el sistema, sin perjuicio de las altas y las bajas en los distintos regímenes que la integran.

Afiliación sindical

Acto de incorporación de un trabajador a una determinada organización sindical. Se trata de un derecho que forma parte del contenido esencial de la libertad sindical en su vertiente individual. La afiliación sindical es un acto voluntario del trabajador, sin más límite que la obligación de respetar los estatutos del sindicato, pero nadie puede ser obligado a afiliarse a un sindicato o a soportar formas de presión directas o indirectas para afiliarse o no hacerlo.

Afiliado

Persona identificada con un número de Seguridad Social que ha iniciado una actividad encuadrable en un régimen del Sistema de la Seguridad Social.

Agravación de la incapacidad permanente

Hasta el cumplimiento de la edad de 65 años del incapacitado permanente, (salvo que la causa de la incapacidad provenga de enfermedad profesional), la Administración, el interesado, las entidades colaboradoras o los empresarios responsables de las prestaciones, pueden promover la revisión por agravación del estado incapacitante, conforme al procedimiento establecido.

Alta

Comunicación a la Tesorería General de la Seguridad Social de la incorporación de un trabajador a una actividad que le convierte en un sujeto protegido del Sistema de Seguridad Social.

Alta de oficio

La que se produce como consecuencia de una actuación inspectora.

Alta en seguridad social

Comunicación obligatoria que debe hacer el empresario, respecto de los trabajadores a su servicio o en su caso el trabajador, ante la Seguridad Social cuando un trabajador ingresa en la empresa, o inicia el trabajo por cuenta propia, respectivamente.

Alta inicial

La que establece la primera relación del trabajador con el Sistema de la Seguridad Social.

Alta médica

Declaración médica, mediante el parte médico de alta, en las situaciones de incapacidad temporal, tras el reconocimiento del trabajador, que establece la plena aptitud para el trabajo. También se producen altas médicas de asistencia sanitaria o al agotamiento del plazo máximo de duración de la incapacidad temporal, a los efectos de iniciar la instrucción de un procedimiento de incapacidad permanente. El parte médico de alta es expedido por el facultativo del Servicio Público de Salud, del INSS o de la Mutua Colaboradora con la Seguridad Social.

Alta sucesiva

La que se produce cada vez que el trabajador reanuda su actividad laboral en una ocupación que obliga a la inclusión en el Sistema de la Seguridad Social.

Aplazamiento de cuotas

Es un sistema de pago de las deudas de la Seguridad Social fuera del plazo reglamentario de ingreso, sujeto a intereses, y que permite considerar a los interesados, en tanto cumplan las condiciones para su efectividad, al corriente respecto de las mismas.

Aportación del estado

Recursos económicos previstos en la ley e incluidos en los presupuestos generales para el sostenimiento de las cargas de la Seguridad Social o para atenciones especiales por exigencias de la coyuntura.

Aportaciones a servicios comunes y sociales

Las que cada Mutua colaboradora con la Seguridad Social efectúa para el sostenimiento de los Servicios Comunes y Sociales de la Seguridad Social y que la Tesorería General de la Seguridad Social deduce al transferir a cada Mutua la recaudación de las cuotas mensuales que le corresponden. Se determina mediante la aplicación a dichas cuotas de un coeficiente que anualmente fija el Ministerio competente en Seguridad Social. Las empresas colaboradoras ingresan estas aportaciones junto con las cuotas.

Apremio

Mandamiento de la autoridad competente, administrativa o judicial, por el que se compele a una persona a que pague los débitos de la Seguridad Social con las costas procedentes, embargando bienes suficientes para cubrir el débito.

Asignación económica por hijo o menor acogido a cargo

Prestación familiar, de modalidad no contributiva, de carácter económico, que se reconoce en determinadas condiciones, por cada hijo menor de 18 años o, cuando siendo mayor de dicha edad, está afectado por una discapacidad, en un grado igual o superior al 65 por 100, a cargo del beneficiario, cualquiera que sea la naturaleza legal de la filiación de aquel, así como por los menores a su cargo en régimen de acogimiento familiar permanente o guarda con fines de adopción.

Asimilación de categorías profesionales

Resolución contenida en la Orden de 25 de junio de 1963 (vigencia agotada) por la que se asimilaron las categorías profesionales existentes en aquella fecha en las distintas Reglamentaciones de Trabajo a los Grupos de Cotización establecidos en el Decreto 56/1963, de 17 de enero (BOE nº 17). Cuando por convenio colectivo o por norma se crea una categoría profesional se solicita y obtiene de esta Tesorería General la asimilación adecuada.

Asistencia jurídica gratuita

Derecho a participar gratuitamente en los pleitos laborales y de Seguridad Social por parte de los trabajadores, beneficiarios, Entidades Gestoras y otras personas, en los términos reconocidos por las leyes.

Asistencia sanitaria

Derecho de los trabajadores y pensionistas y de sus familiares a cargo, incluidos, en su caso, los acogidos de hecho, a recibir tratamiento médico y farmacéutico, con las condiciones, contenido, modalidades y duración que establecen las normas. Es dispensada por los correspondientes Servicios Públicos de Salud de las Comunidades Autónomas y por el Instituto Nacional de Gestión Sanitaria en Ceuta y Melilla.También tienen derecho a la asistencia sanitaria las personas sin recursos suficientes y los extranjeros, en este último caso con las condiciones establecidas en la Ley reguladora de los derechos y libertades de los extranjeros en España y su integración social.

Asistencia sanitaria concertada

Asistencia Sanitaria prestada por entidades públicas o privadas en virtud de concierto con los Organismos de la Administración de Seguridad Social y aprobados por los Departamentos Ministeriales competentes.

Audiencia del interesado

Obligación de la Administración de permitir al interesado que pueda efectuar alegaciones en su defensa. Instruido el procedimiento, e inmediatamente antes de redactar la propuesta de resolución, se pone de manifiesto al interesado para que pueda efectuar sus alegaciones y presentar los documentos y justificantes que estime pertinentes, en un plazo no inferior a diez días ni superior a quince. En algunos casos, el derecho a determinadas informaciones o datos contenidos en el expediente no puede ser ejercido. Se tiene por realizado el trámite si, antes del vencimiento del plazo, el interesado manifiesta su decisión de no efectuar alegaciones ni aportar nuevos documentos o justificaciones y, asimismo, se podrá prescindir del trámite de audiencia cuando no figuren en el procedimiento ni sean tenidos en cuenta en la resolución otros hechos ni otras alegaciones y pruebas que las aducidas por el interesado.

Auto judicial

Resolución de los Jueces o Tribunales que decide recursos contra providencias, cuestiones incidentales, presupuestos procesales, nulidad del procedimiento o cuando las leyes procesales lo establezcan. Serán siempre fundados y contendrán en párrafos separados y numerados los hechos y fundamentos de derecho y la parte dispositiva, debiendo firmarlos el Juez o el Magistrado o Magistrados que lo dicten.

Autónomos

Trabajo por cuenta propia. Es la actividad productiva de bienes o servicios no ligada a contrato de trabajo y realizada por el propio empresario que asume los riesgos. Este trabajo no está sometido a la legislación laboral, salvo en aquellos aspectos que por precepto legal se disponga expresamente. Trabajador por cuenta propia, mayor de 18 años, que realiza de forma habitual, personal y directa una actividad económica a título lucrativo, en territorio nacional, sin sujeción por ella a contrato de trabajo y aunque utilice el servicio remunerado de otras personas, sea o no titular de la empresa, actividad que le obliga a la inclusión en el Sistema de Seguridad Social en el Régimen Especial de Trabajadores por Cuenta Propia o Autónomos.

Autoridad competente

Designa, para cada Estado miembro, el ministro, los ministros o cualquier otra autoridad correspondiente de la cual dependan, para el conjunto del territorio del Estado de que se trate, los regímenes de Seguridad Social.

Auxilio por defunción

Es una de las prestaciones por muerte y supervivencia, consistente en una cantidad a tanto alzado que para el año 2025 asciende a 46,50 euros, actualizándose a partir de ese año con arreglo al índice de precios al consumo (IPC), para hacer frente a los gastos de sepelio a quien los haya soportado. Se presume, salvo prueba en contrario, que dichos gastos han sido satisfechos por este orden: por el cónyuge superviviente, el sobreviviente de una pareja de hecho, hijos y parientes del fallecido que conviviesen con él habitualmente.

Ayuda equivalente a jubilación anticipada

Tiene por objeto permitir al trabajador, aun sin haber cumplido la edad ordinaria para acceder a la pensión de jubilación, percibir una cuantía igual a la pensión que le hubiese correspondido de tener cumplida la edad para obtenerla al producirse la situación de desempleo. Se concede en los supuestos de regulación de empleo llevados a cabo en empresas sometidas a planes de reconversión. Tienen naturaleza colectiva y son de financiación mixta.

Ayudas asistenciales

Auxilios económicos en atención a estados o situaciones de necesidad.

Baja en la seguridad social

Obligación legal a cargo del empresario de comunicar a la administración de la Seguridad Social el cese en su actividad de los trabajadores por cuenta de aquel, en iguales términos a los aludidos para el supuesto de alta en la Seguridad Social. Supone declarar extinguida la relación con la Seguridad Social respecto del sujeto afectado.

Baja médica

Declaración médica, mediante el parte médico de baja, expedido por el facultativo del Servicio Público de Salud, o de la Mutua colaboradora con la Seguridad Social Profesionales, que determina la baja en el trabajo, y en su caso, el derecho a la prestación económica por incapacidad temporal. Es el acto que origina la iniciación de las actuaciones conducentes a la declaración o denegación del derecho al subsidio.

Baja voluntaria o dimisión del trabajador

Una de las formas de extinción del contrato de trabajo es la dimisión del trabajador.

Bajo rendimiento

Incumplimiento contractual del trabajador que puede ser sancionado por el empresario, incluso con el despido disciplinario, cuando tal bajo rendimiento supone una disminución continuada y voluntaria en el pactado en el contrato, el habitualmente obtenido o el que se alcanza por otros trabajadores en el mismo puesto o similar.

Baremo para determinar el grado de discapacidad o enfermedad crónica

Cuadro de valoraciones de factores físicos, psíquicos o sensoriales para la determinación de los grados de discapacidad o enfermedad crónica, a efectos de la pensión de invalidez (modalidad no contributiva), de la asignación económica por hijo o menor a cargo y de otras medidas de protección.

Base de cotización

Cuantía establecida por la ley, que, salvo excepciones, debe coincidir con el salario real, sobre la que se aplica el porcentaje o tipo de cotización y, como resultado, se obtiene la cuota a ingresar a la Seguridad Social.

Base reguladora

Es uno de los factores que intervienen en el cálculo de las prestaciones económicas de la Seguridad Social y consiste en fijar una cuantía u obtener un resultado a través de una fórmula de cálculo, -determinada en función de las bases por las que se hayan efectuado las cotizaciones durante los periodos que se señalan para cada prestación,- a la que se aplican los porcentajes señalados para cada una de las prestaciones económicas, obteniendo así el importe final a percibir por el beneficiario.

Bases mínimas y máxima de cotización

Importes mínimos y máximo entre los que han de estar, en todo caso, las bases de cotización para Contingencias Comunes, en función del grupo de cotización al que corresponda la categoría profesional del trabajador.

Beneficiarios de prestaciones

Trabajadores, familiares de los mismos, u otras personas determinadas en la Ley o en las normas reglamentarias, a quienes corresponde una prestación de la Seguridad Social.

Bonificaciones de edad

La edad de jubilación se rebaja en un periodo equivalente al que resulte de aplicar al periodo de tiempo efectivamente trabajado en determinadas categorías y especialidades profesionales (por su peligrosidad, toxicidad, insalubridad, etc.), unos coeficientes conforme a escalas establecidas (por ejemplo, 10 años como picador de minería del carbón permitirían rebajar 5 años, -coeficiente de 0,50-, la edad de 65 para poder jubilarse y, por tanto, el trabajador causaría la pensión a los 60 años reales o 65 ficticios). Además, el periodo de tiempo en que resulte rebajada la edad de jubilación del trabajador, se computa como cotizado a efectos de determinar el porcentaje aplicable a la base reguladora de la pensión.

Bonificaciones en la cotización

Reducción de las cuotas por disposición legal.

Bonificaciones y reducciones en las cuotas

Las establecidas en diversas normas dictadas para favorecer el empleo de determinados colectivos o para fomentar la estabilidad en el mismo. Hay derecho a aplicarlas en las liquidaciones salvo que el ingreso no se produzca en plazo reglamentario.

Bruto salarial

La cantidad percibida como contraprestación al trabajo (sueldo, salario, remuneración, etc.) se considera bruta cuando abarca la totalidad de lo que el empresario abona al trabajador por dicho trabajo.

Buena fe

Principio general del Derecho que debe regir la actuación de la Administración Pública y las relaciones laborales de empresarios y trabajadores. En general, los derechos deben ejercitarse conforme a las exigencias de la buena fe.

Caducidad

Decadencia o pérdida del derecho al percibo de las prestaciones en el plazo previsto al efecto (un año desde la notificación de la concesión en las prestaciones a tanto alzado y un año en las prestaciones periódicas desde el vencimiento de la mensualidad). El plazo no admite interrupción. En materia de devolución de cuotas: plazo de caducidad de cuatro años, del derecho a exigir el pago una vez reconocido el derecho a la devolución de ingresos indebidos (art. 44.3 del RGRSS).

Caja única

Principio básico del sistema de la Seguridad Social, declarado por la ley, que centraliza en la Tesorería General de la Seguridad Social la gestión recaudatoria de los recursos y la custodia de los fondos, valores y créditos.

Calendario laboral

Anualmente la empresa, tras consulta y previo informe de los representantes de los trabajadores, elaborará un calendario laboral que comprenderá el horario de trabajo y la distribución anual de los días de trabajo, festivos, descansos semanales o entre jornadas, y otros días inhábiles, teniendo en cuenta, la jornada máxima legal o, en su caso, la pactada. El calendario estará de acuerdo con la regulación que anualmente efectúa el Ministerio competente en Trabajo de los días inhábiles a efectos laborales, retribuidos y no recuperables y los establecidos por cada comunidad Autónoma, y Ayuntamientos correspondientes, siendo 14 días la totalidad de éstos. El calendario deberá exponerse en sitio visible en cada centro de trabajo.

Calificación de la incapacidad permanente

Declaración de la situación de incapacidad permanente, efectuada por el Instituto Nacional de la Seguridad Social, a través de sus órganos, a los efectos del reconocimiento de las prestaciones económicas. La incapacidad permanente se clasifica con arreglo a los grados de parcial para la profesión habitual, total para la profesión habitual, absoluta para todo trabajo y gran invalidez.

Campo de aplicación

Conjunto de actividades que al ser ejercidas por un trabajador determinan la inclusión en cada uno de los distintos regímenes que conforman el Sistema de la Seguridad Social. Es la consideración del ámbito subjetivo al que se extiende el Sistema de la Seguridad Social. Con la meta final que establece el artículo 41 de la Constitución de «...un régimen público de Seguridad Social para todos los ciudadanos...» el actual Sistema de la Seguridad Social delimita el campo de aplicación de quienes realizan una actividad profesional en una serie de Regímenes. El Régimen General, que abarca a los trabajadores por cuenta ajena o asimilados de las distintas ramas de la actividad económica, bien sean eventuales, de temporada o fijos, aún de trabajo discontinuo e incluidos los trabajadores a domicilio, sea cual fuere su categoría profesional y la forma y cuantía de la remuneración que perciban, salvo los que desarrollen una actividad que dé lugar a su inclusión en alguno de los s iguientes Regímenes Especiales que acogen, además, a sus propios trabajadores autónomos: Agrario; de los Trabajadores del Mar; para la Minería del Carbón; de los Trabajadores por Cuenta Propia o Autónomos; de Empleados de Hogar. Asimismo, el ámbito subjetivo se extiende, en la modalidad no contributiva, a todos los españoles residentes en territorio nacional.

Cantidad a tanto alzado

Prestación económica no periódica, pagada de una sola vez, por lesiones permanentes no invalidantes del trabajador y por otras contingencias y situaciones de necesidad determinadas reglamentariamente.

Capacidad procesal

Aptitud para comparecer, actuar e intervenir en actos procesales ante los Juzgados y Tribunales de Justicia.

Capital coste de renta o pensión

Valor actual de las pensiones calculado con tablas de mortalidad y tasa de interés aprobados por el Ministerio competente en Trabajo. Su importe es ingresado en la TGSS por la entidad o empresario responsable.

Capitalización (sistema de)

Sistema de financiación de las prestaciones de Seguridad Social por el que la cuantía de las pensiones y subsidios se calculan capitalizando las aportaciones individuales del trabajador a lo largo de su vida laboral.

Carencia

Periodo mínimo de cotización exigido salvo excepciones, entre otros requisitos, para tener derecho a las prestaciones de la Seguridad Social.

Carta de despido

Documento a través del cual se ha de notificar por escrito al trabajador su despido, y en el que han de figurar los hechos que lo motivan y la fecha en que tendrá efecto; vía convenio colectivo pueden establecerse otras exigencias formales para el despido (Art. 55.1 LET). Jurisprudencialmente se ha señalado que la constancia escrita de la carta de despido es un requisito ineludible; que los hechos que han de figurar en la carta deben incluir cuantos detalles de la conducta que se imputa al trabajador sean indispensables para su correcta identificación y configuradores de la voluntad resolutoria del empresario; y que se incluya la fecha a partir de la cual el despido comienza a producir efectos, al objeto de que el trabajador tenga un conocimiento preciso del momento en el que comienza a computarse el plazo de caducidad para reclamar judicialmente frente al despido. Mientras que en el despido disciplinario la ausencia de carta de despido o su defectuosa formalización no es determinante de la nulidad del mismo sino únicamente de su improcedencia, en el despido por causas objetivas se convierte en requisito de validez, dejando sin efectos la extinción.

Casación (recurso de)

Recurso extraordinario contra las resoluciones expresamente previstas y por los motivos señalados en la ley, que tiene como finalidad el control de la aplicación de la ley hecha por los tribunales de instancia y crear doctrina jurisprudencial, unificando criterios dispares, así como velar por el cumplimiento de las garantías constitucionales en la tramitación de los procesos.

Casación para la unificación de doctrina (recurso de)

Recurso de carácter extraordinario mediante el cual se unifica la doctrina de sentencias dictadas en suplicación por las Salas de lo Social de los Tribunales Superiores de Justicia, cuando sobre idéntica cuestión han dictado sentencias contradictorias entre sí.

Categoría profesional

Es el grupo al que pertenece cada uno de los trabajadores y que se identifica por unas características que se dan en un determinado grupo de trabajadores.

Causahabiente

Persona que ha sucedido o se ha subrogado por cualquier título en el derecho de otra u otras.

Causante

Persona de quien proviene el derecho que alguien tiene (derechohabiente o causahabiente).

Ccc principal

Es el número único de inscripción que la Tesorería General asigna al empresario, sea individual o colectivo, para su identificación en el respectivo régimen del Sistema de la Seguridad Social en el momento de iniciar su actividad laboral en cualquier lugar del territorio nacional.

Ccc reales

Son el total de números de códigos de cuenta que se asigna a cada empresario para identificar las distintas actividades y regímenes en los que se tiene que figurar dentro del Sistema de la Seguridad Social.

Centro de trabajo

Unidad productiva con organización específica obligada a inscribirse como tal centro ante la autoridad laboral.

Centro de trabajo móvil

También denominado itinerante, alude al centro de trabajo que no dispone de sede fija o estable, y que se califica precisamente en base a su movilidad espacial, desplazándose en función del lugar en que realice su actividad. Su actividad ha de ser continuada y su organización prolongarse en el tiempo, pues de extinguirse el centro con la obtención de un determinado resultado no se trataría de un centro de trabajo móvil o itinerante, sino de un centro de trabajo temporal que desaparece una vez concluida la obra o servicio para los que nació.

Certificado de empresa

Documento emitido por el empresario por el que se acredita el tiempo trabajado y las cotizaciones efectuadas por el trabajador.

Certificado de profesionalidad

Documento en el que se acreditan las competencias profesionales adquiridas mediante acciones de formación profesional ocupacional, programas de escuelas taller o casas de oficios, contratos de aprendizaje, acciones de formación continua o experiencia laboral. El certificado de profesionalidad correspondiente a cada ocupación se regulará por el Real Decreto con validez en todo el territorio nacional y carácter oficial, definiendo las competencias profesionales características de cada ocupación y los contenidos mínimos de formación asociados a las mismas.

Cese en el trabajo

Finalización de la relación laboral y justificación de la misma documentalmente. Requisito necesario, conjuntamente con otros, para acceder al derecho a algunas prestaciones de la Seguridad Social.

Cierre patronal

Derecho por el que se permite al empresario el cierre del centro de trabajo y, por tanto, la suspensión del contrato de trabajo, lo que suspende asimismo las obligaciones recíprocas de trabajar y de percibir el salario y la cotización a la Seguridad Social, entre otros derechos. Los trabajadores permanecen en situación de alta especial durante el cierre patronal.

Citación

Convocatoria realizada a una persona para que acuda ante la Seguridad Social o ante el Órgano Judicial para realizar determinado trámite u acto.

Código de cuenta de cotización

Número de 11 cifras asignado a los empresarios como sujetos responsables del ingreso de cuotas para su correcta identificación en el Registro a cargo de la Seguridad Social (se corresponde con los antiguos números patronales y de inscripción).

Coeficiente a tiempo parcial (c.t.p.)

Identifica el porcentaje de jornada que realiza un trabajador, en relación con la jornada habitual en la empresa que le tiene contratado.

Coeficientes reductores (de las cotizaciones)

Porcentaje que, aplicado al tipo o porcentaje de cotización, reduce la cuota a ingresar a la Seguridad Social. Se aplican a la cuota íntegra de empresas excluidas de alguna o algunas de las contingencias o situaciones definidas normativamente o de empresas autorizadas a colaborar voluntariamente en la gestión de la Asistencia Sanitaria e Incapacidad Temporal, derivadas de enfermedad común o accidente no laboral, así como a los trabajadores que suscriben Convenio Especial.

Coeficientes reductores de la pensión de jubilación

Porcentaje de reducción de la cuantía de la pensión de jubilación, en determinados supuestos, por cada año que los trabajadores, con edades inferiores a la edad ordinaria de jubilación, anticipen la misma. Dicho porcentaje varía en función del número de años acreditados en toda la vida laboral. Se aplica en jubilaciones anticipadas con condición mutualista a los 60 años o, sin ella, a partir de los 61 años.

Colaboración en la gestión

Es la participación en la gestión asumida por empresarios bien en forma obligatoria, como en el pago delegado de determinadas prestaciones (Incapacidad Temporal, Desempleo parcial, etc.), bien en forma voluntaria, como la realizada en materia de Accidentes de Trabajo y Enfermedades Profesionales por las Mutuas colaboradoras con la Seguridad Social o la efectuada por empresarios que soliciten el asumir la Asistencia Sanitaria y la Incapacidad Temporal y sean autorizadas para ello por cumplir los requisitos establecidos.

Colocación adecuada

En general, es la profesión demandada por el trabajador y también aquélla que se corresponda con su profesión habitual o cualquier otra que se ajuste a sus aptitudes físicas y formativas. En todo caso, se entiende por colocación adecuada la coincidente con la última actividad laboral desempeñada, siempre que su duración hubiese sido igual o superior a tres meses.

Comisiones ejecutivas

Supervisan y controlan la aplicación de los acuerdos del Consejo General. Están integradas por nueve vocales que representan a partes iguales a la Administración Pública, a los Sindicatos y a la Organización Empresarial.

Comité de empresa

Organo representativo y colegiado de los trabajadores de la empresa o centro de trabajo para la defensa de sus intereses.

Compatibilidad

Posibilidad legal de simultanear el cobro de dos prestaciones (por ejemplo, viudedad con jubilación) o el trabajo por cuenta ajena o propia con una prestación (así, trabajo con pensión de viudedad).

Compensación

Medio para extinguir, parcial o totalmente, las deudas con la Seguridad Social que se encuentren en periodo voluntario de recaudación, neutralizándolas con créditos reconocidos, liquidados y notificados.

Complemento del puesto

También denominados complementos funcionales. No tiene relación alguna con la valoración de puestos -importancia y valor relativo del puesto- sino con alguna circunstancia externa al propio puesto y que supone una mayor onerosidad o exige un sobreesfuerzo.

Complemento personal

Es el directamente ligado a la persona trabajadora. Tiene, pues, un carácter individualizado, bien de tipo temporal (antigüedad) o bien una característica o condición personal (idiomas, competencias, polivalencia, disponibilidad, etc.).

Complemento por mínimo

Cantidad complementaria que se añade al importe de la pensión, en su modalidad contributiva, cuando no alcance el mínimo fijado legalmente, si el beneficiario no percibe rentas de capital o trabajo personal, o percibiéndolas, no excedan de la cuantía que se establece anualmente en la Ley de Presupuestos Generales del Estado.

Complemento por resultados individuales

Directamente ligados al rendimiento, productividad, resultados o grado de desempeño del puesto de trabajo. Por propia naturaleza es de carácter variable en función de los resultados alcanzados. Responden a la idea, plenamente aceptada, de -a mayor contribución, mayor remuneración-.

Complemento salarial

Lo que define la naturaleza del -complemento-, como diferenciador del salario base, es que responde a una prestación laboral específica o condición variable del puesto o del trabajador.El art. 26.3 del Estatuto de los Trabajadores especifica que los -complementos- estarán -fijados en función de circunstancias personales del trabajador, del trabajo realizado o situación y resultados de la empresa, calculados conforme se hayan pactado-. Solo resultan exigibles si, y en la cuantía que se haya previsto en convenio colectivo o contrato. No obstante, la ley prevé como obligatorio el pago de dos gratificaciones extraordinarias al año, una de ellas con ocasión de las fiestas de Navidad y la otra en el mes que se fije por convenio o acuerdo con la empresa, o prorrateadas en las doce mensualidades, cuya cuantía será la que se establezca en dichos instrumentos (art. 31 LET).

Cómputo recíproco de cuotas

Totalización de los periodos de cotización en varios regímenes de la Seguridad Social y de Clases Pasivas, siempre que no se superpongan, para la conservación y adquisición del derecho a las prestaciones. En general, es la consideración conjunta de las cotizaciones efectuadas a los distintos Regímenes públicos de la Seguridad Social para el reconocimiento del derecho a las prestaciones.

Comunidad europea

Una de las 3 Comunidades Europeas, la más importante, creada por el Tratado de Roma de 25 de marzo de 1957, con el nombre inicial de Comunidad Económica Europea, a la que España se adhirió en 1986, y que tras el Tratado de Maastricht se la denominó Comunidad Europea, y hoy Unión Europea, compuesta por 27 países.

Concierto de asistencia sanitaria

Acuerdos firmados con Organismos o Instituciones para la cobertura del derecho a la Asistencia Sanitaria.

Conciliación de la vida familiar y laboral

Armonización de responsabilidades laborales y familiares entre hombres y mujeres, que configura un sistema que contempla las nuevas relaciones sociales surgidas (incorporación de la mujer al trabajo, entre otras) y un nuevo modo de cooperación y compromiso entre mujeres y hombres, que permita un reparto equilibrado de responsabilidades en la vida profesional y en la privada. Conlleva importantes reformas legislativas (permisos de maternidad, paternidad, excedencias laborales, reducción de jornada, etc.) y la necesidad de promover adicionalmente servicios de atención a personas, en un marco amplio de política de familia.

Condiciones de trabajo

1. Conjunto de aspectos físicos, legales y sociales que crean el medio ambiente de un puesto y grupo de trabajo.

2. Conjunto de factores físicos, sociales y organizativos que constituyen el contexto en que una persona trabajadora desarrolla sus tareas.

Conflicto laboral

El conflicto laboral es ante todo un conflicto y un conflicto social tanto por las partes oponentes, como por su propio objeto, origen y consecuencias y que podemos caracterizarlo por el hecho de que las tres partes litigantes participan directamente en el proceso de producción, su relación es original y principalmente laboral, el objeto del conflicto está vinculado a tal relación y es un instrumento para su consecución.

Consejo General del Instituto Social de la Marina

Órgano colegiado, previsto en la ley y regulado por le Gobierno en virtud de delegación legislativa, para la participación en el control y vigilancia de la gestión de las Entidades Gestoras en el que figuran representantes de la Administración Pública, Sindicatos, Organizaciones Empresariales y Corporaciones de Derecho Público (Federación Nacional de Cofradías de Pescadores y Colegio de Oficiales de la Marina Mercante Española).

Contrato de relevo

Es el que la empresa debe celebrar simultáneamente (al celebrado a tiempo parcial con una persona que se jubila parcialmente) con un trabajador en situación de desempleo o que tuviese concertado con la empresa un contrato de duración determinada, con objeto de sustituir la jornada de trabajo dejada vacante por el trabajador que se jubila parcialmente. El contrato de relevo es obligatorio para sustituir a los trabajadores que se hayan jubilado parcialmente antes de los 65 años y potestativo si ya han cumplido dicha edad. El contrato debe ajustarse, además, a determinadas particularidades legales.

Contrato de trabajo

Acuerdo entre empresario y trabajador por el que éste se obliga a prestar determinados servicios por cuenta del empresario y bajo su dirección a cambio de una retribución.

Contrato de trabajo a tiempo parcial

Es el que acuerda la prestación de servicios durante un número de horas al día, a la semana, al mes o al año, inferior a la jornada de trabajo de un trabajador a tiempo completo comparable, entendido éste como un trabajador a tiempo completo de la misma empresa y centro de trabajo, con el mismo tipo de contrato de trabajo y que realice un trabajo idéntico o similar. El contrato de trabajo puede concertarse por tiempo indefinido o por duración determinada.

Convenio colectivo

Acuerdo suscrito por los representantes de los trabajadores y empresarios para fijar las condiciones de trabajo y productividad. Igualmente podrán regular la paz laboral a través de las obligaciones que se pacten.

Convenio de seguridad social

En Derecho comunitario, todo instrumento bilateral o multilateral que vincule o pueda vincular exclusivamente a dos o varios Estados miembros, así como todo instrumento multilateral que vincule o pueda vincular al menos a dos Estados miembros y a uno o varios otros Estados en el campo de la Seguridad Social, para el conjunto o parte de las ramas y regímenes, así como los acuerdos de cualquier naturaleza concluidos en el marco de dichos instrumentos. En general, es un Acuerdo entre dos o más Estados, (y otros sujetos de derecho internacional) para la conservación o la adquisición de los derechos en curso en el otro país, generalmente totalizando los periodos de seguro en cada uno de ellos, y distribuyendo la carga de las prestaciones bajo la fórmula de prorrata, es decir, en proporción a los tiempos cotizados en cada país.

Convenio especial

Acuerdo suscrito con la Seguridad Social por los trabajadores dados de baja, o por los afiliados en otras situaciones determinadas, con el fin de mantener sus derechos en curso de adquisición, sin perder los efectos de las cuotas abonadas anteriormente.

Convivencia

Vida en común con otra persona que puede atribuir derechos a algunas prestaciones o a elevar su cuantía. También puede tener incidencia en el Régimen de encuadramiento de los trabajadores (por ejemplo, a la hora de presumir control efectivo sobre la sociedad, por parte de socios trabajadores).

Cónyuge

Persona con vínculo matrimonial- válidamente reconocido en España- con otra, lo que puede atribuir derechos a determinadas prestaciones o a incrementar su cuantía.

Cotización

Obligación contributiva impuesta a empresarios y trabajadores para el sostenimiento de las cargas económicas de la Seguridad Social.

Cotización por jornadas reales

Cotización al Régimen Especial Agrario que realizan los empresarios que ocupan trabajadores en labores agrarias, consistente la aplicación de un porcentaje o tipo a la base de cotización por cada jornada que se realice, fijados anualmente.

Créditos privilegiados

Son aquellos cuyo titular tiene preferencia para ser pagado, frente a otros, con los bienes del deudor común. Tienen este carácter las prestaciones a cargo del empresario las cuotas de la Seguridad Social y ciertos créditos salariales.

Cuestión prejudicial

Asunto que un órgano jurisdiccional nacional, ante el que se está sustanciando un litigio que requiere la aplicación de una norma comunitaria, plantea al Tribunal de Justicia de la Unión Europea, sobre la interpretación o validez de esa norma.

Cuota

Importe que mensualmente ingresan los sujetos obligados en las entidades financieras autorizadas a colaborar con la Tesorería General de la Seguridad Social. La cuota resulta de la aplicación del tipo de cotización a la base de cotización, según la normativa vigente en cada momento.

En el Régimen General y en aquellos otros en que el trabajo se realiza por cuenta ajena la cuota normalmente comprende la aportación de los empresarios y trabajadores. En el caso de trabajadores por cuenta propia la cuota es íntegramente a su cargo.

Cuota sindical

Cantidad que abona el trabajador a un determinado sindicato por razón de su afiliación al mismo. El abono puede realizarse directamente por el trabajador, a través de los medios previstos por los estatutos sindicales, o producirse a través del denominado descuento empresarial de la cuota sindical del salario del trabajador; en este segundo supuesto, es imprescindible la previa conformidad del trabajador, toda vez que este puede tener interés en que su empresario no conozca su condición de afiliado, lo que prevalece sobre el interés del sindicato de ingresar las cuotas sindicales a través de este mecanismo más cómodo y eficaz.

Deber de protección de la persona del trabajador

Conjunto de deberes que intentan asegurar el respeto de los derechos personales del trabajador, algunos de ellos con el carácter de fundamentales, y que no se pueden ver afectados por razón de su prestación laboral.

Defunción (subsidio por)

(Véase "Auxilio por defunción")

Delegado de personal

Representan a los trabajadores en las empresas de menos de 50 y más de 10 trabajadores. Son elegidos por todos los trabajadores.

Dependencia

Situación de necesidad asistencial por parte de otra persona, para los actos esenciales de la vida y comunicación con los demás.

Desaparecidos

Los trabajadores que hayan desaparecido con ocasión de un accidente, sea o no de trabajo en circunstancias que hagan presumible su muerte, y sin que se hayan tenido noticias durante 90 días naturales siguientes al del accidente, podrán causar pensiones de muerte y supervivencia, salvo el subsidio de defunción, con efectos retroactivos a la fecha del accidente.

Descanso

La ley establece una serie de tiempos de descanso a que tiene derecho el trabajador por distintas causas.

Desempleo

Situación protegida de quienes, pudiendo y queriendo trabajar, pierden su empleo, o ven reducida su jornada de trabajo, y que atribuye un posible derecho a prestaciones económicas, bien como prestación o como subsidio.

Despido

El despido es la decisión unilateral del empresario de terminar la relación de trabajo asalariado con el o los trabajadores.

Devolución de ingresos indebidos

Restitución total o parcial al sujeto obligado de las cuotas ingresadas por error, en los términos y supuestos fijados reglamentariamente. El derecho a la devolución caduca a los 4 años a contar del día siguiente al ingreso de las cuotas.

Días hábiles

En los procedimientos administrativos, cuando los plazos se señalen por días, se entiende que estos son hábiles, excluyendo del cómputo los domingos y los declarados festivos. En los procesos judiciales son, además, inhábiles todos los días del mes de agosto, excepto para actuaciones judiciales que se declaren urgentes por las leyes procesales.

Directiva comunitaria

Acto motivado, emanado del Parlamento Europeo y el Consejo conjuntamente, del Consejo o de la Comisión, que obliga al Estado miembro destinatario en cuanto al resultado que debe conseguirse, dejando a las autoridades nacionales la elección de la forma y de los medios.

Discapacidad

Cualquier alteración en la condición de la salud de un individuo que puede generar dolor, sufrimiento o interferencia con las actividades diarias. La discapacidad no solo supone una merma de las condiciones físicas de la persona, sino que los factores ambientales externos influyen y condicionan la calidad de vida al existir una relación directa entre el individuo y su entorno.

Divorcio

Extinción del matrimonio que, a efectos de la Seguridad Social, no extingue el derecho a pensión de viudedad en los supuestos en que el cónyuge sobreviviente sea acreedor de pensión compensatoria y esta quede extinguida a la muerte del causante. Si, habiendo mediado divorcio, se produce concurrencia de beneficiarios con derecho, procede el prorrateo de la prestación de viudedad en función al tiempo de convivencia, garantizándose, en todo caso, el 40% a favor del cónyuge o pareja de hecho superviviente.

Documento de afiliación

El facilitado a cada sujeto protegido en el momento de su incorporación a la Seguridad Social y que acredita la condición de afiliado.

Documento de cotización

Impresos que sirven para la determinación e ingreso de las cuotas de Seguridad Social, que han de cumplimentarse conforme a las instrucciones establecidas.

Drogodependientes

Las personas que hubiesen concluido un tratamiento de deshabituación de su drogodependencia y no tengan derecho a la prestación por desempleo pueden ser beneficiarios del subsidio por desempleo en los casos que determina la Ley General de Seguridad Social.

Edad

Tiempo transcurrido desde el nacimiento de una persona hasta un día determinado que incide en la inclusión en el campo de aplicación de los regímenes del Sistema, así como en el derecho a prestaciones por incapacidad permanente, jubilación, orfandad, protección familiar, etc.

Edad legal de jubilación

Es la edad mínima de 65 años para causar derecho a la pensión de jubilación. Puede, no obstante, anticiparse en ciertos supuestos con aplicación de porcentajes de reducción de la cuantía de la pensión (coeficientes reductores), y por actividades profesionales consideradas tóxicas, peligrosas o insalubres (trabajadores del mar, personal de vuelo de trabajos aéreos, mineros y otros), por tratarse de trabajadores minusválidos o en supuestos de jubilación especial a los 64 años.

Ejecución de sentencia

Solicitud al Órgano Judicial para que se lleve a efecto lo declarado en el fallo.

Elección de médico

Derecho que asiste al beneficiario para elegir facultativo de los servicios públicos de salud en los casos reconocidos por los reglamentos.

Embarazo

(Véase "Riesgo durante el embarazo")

Embargo del salario

La ley establece unos límites o topes a la posibilidad de que los acreedores puedan embargar el salario del trabajador. No se puede embargar el importe del salario mínimo interprofesional.

Empleados de hogar

Trabajadores que, en territorio nacional, se dediquen a prestar servicios exclusivamente domésticos para uno o varios cabezas de familia, en el domicilio en que éstos habitan y percibiendo por ello una remuneración, quedando incluidos por ello en el campo de aplicación del Régimen Especial de los Empleados de Hogar.

Empresa

A efectos de la Seguridad Social, toda persona natural o jurídica, pública o privada, por cuya cuenta trabajen las personas incluidas en el campo de aplicación de cualquier Régimen de Seguridad Social que incorpore a trabajadores sujetos a su poder de dirección y organización.

Empresa de dimensión comunitaria

Toda empresa que ocupe 1.000 o más trabajadores en los Estados miembros y, por lo menos en dos Estados miembros diferentes, empleen 150 o más trabajadores en cada uno de ellos.

Empresario

Toda persona natural o jurídica, aunque su actividad no esté motivada por ánimo de lucro, a la que prestan servicios, con la consideración de trabajadores por cuenta ajena, las personas incluidas en el campo de aplicación de cualquier Régimen de la Seguridad Social.

Enfermedad común

Alteración de la salud que no tenga la condición de accidente no laboral, accidente de trabajo o enfermedad profesional.

Enfermedad profesional

La contraída a consecuencia del trabajo ejecutado por cuenta ajena en las actividades especificadas como causantes de la misma en el cuadro de Enfermedades Profesionales aprobado por el Ministerio competente en Trabajo, y que esté provocada por la acción de los elementos o sustancias que en dicho cuadro se indican para cada enfermedad profesional.En el trabajo por cuenta propia de los Regímenes Especiales Agrario, Autónomos y de trabajadores del Mar, se entenderá como enfermedad profesional la contraída como consecuencia directa e inmediata del trabajo que se realiza y que determina la inclusión en el régimen especial.

Entidad de accidente de trabajo

Entidad por la que se opta sea cubierto el riesgo de accidente de trabajo.

Entidad de accidente de trabajo y enfermedad profesional

Entidad por la que se opta sea cubierto el riesgo de accidente de trabajo y enfermedad profesional.

Entidades gestoras

Entidades públicas con personalidad jurídica que, bajo la dirección y tutela de los respectivos departamentos ministeriales, efectúan la gestión y administración de las prestaciones y servicios que son competencia de la Seguridad Social. Tienen tal carácter el Instituto Nacional de la Seguridad Social (INSS), el Instituto Social de la Marina (ISM), y el Instituto de Mayores y Servicios Sociales (IMSERSO).

Epígrafe

Número ordinal que en la Tarifa de Primas de Accidentes de Trabajo y Enfermedades Profesionales se aplica a cada una de las descripciones de trabajo en las distintas actividades económicas, a la vez que se señalan los porcentajes de aplicación a la base de cotización para tales contingencias para el cálculo de las cuotas.

Equipo de valoración de incapacidades (EVI)

Órgano colegiado formado por distintos profesionales, existente en cada Dirección Provincial del INSS, (excepto en las de Cataluña), que tiene como función, entre otras, examinar la situación de incapacidad del trabajador y formular al Director Provincial el dictamen-propuesta, preceptivo y no vinculante, en materia de anulación o disminución de la capacidad para el trabajo, la procedencia o no de revisión, la determinación del carácter común o profesional de la enfermedad, etc.

Error de diagnóstico

Equivocación sufrida al calificar la enfermedad que da lugar a la incapacidad permanente y que puede fundar su revisión en cualquier momento, en tanto el interesado no haya cumplido la edad mínima para acceder al derecho a la pensión de jubilación.

Escala para abono de años y días de cotización, según edad

Para determinar el número de años de cotización y aplicar el porcentaje del que depende la cuantía de la pensión de jubilación, al número de días cotizados en la vida laboral se suma, en su caso, el número de años y fracciones de año que correspondan al trabajador, según la edad que tuvo cumplida el 1 de enero de 1967, de acuerdo con una escala establecida. Esta asigna 250 días a quienes en esa fecha tuviesen 21 años y, partiendo de dicha edad, va aumentando en igual proporción 250 días por cada año más de edad.

Estado competente

El Estado miembro en cuyo territorio se encuentra la institución competente.

Excedencia

Se entiende por ésta las situaciones de suspensión del contrato de trabajo a solicitud del trabajador.

Familia numerosa

En términos generales, se entiende por familia numerosa la integrada por uno o dos ascendientes con tres o más hijos, sean o no comunes. No obstante, la ley equipara a familia numerosa las familias constituidas en otros términos, entre otras y como supuesto de más reciente incorporación, las constituidas por el padre o la madre con dos hijos, cuando haya fallecido el otro progenitor, y establece las condiciones para reconocer y mantener el derecho a ostentar la condición de familia numerosa y, en función del número de hijos u otras consideraciones, las clasifica en categoría especial y general.

Favor de familiares (prestaciones)

Prestación (pensión o subsidio) establecida en favor de ciertos familiares del trabajador o pensionista fallecido, que han convivido con él y bajo su dependencia económica.

Fecha de alta inicial

Fecha en que el trabajador figura incluido por primera vez en el campo de aplicación del Sistema de la Seguridad Social.

Fecha de presentación

Fecha en que se comunica el inicio de la actividad laboral a la Tesorería General de la Seguridad Social, por cualquiera de los medios admitidos en derecho.

Fecha efecto alta

Fecha desde cuando surtirá efectos el alta y que será desde el inicio de la actividad siempre que se solicite en plazo reglamentario.

Fecha efecto baja

Fecha desde cuando surtirá efectos la baja en el correspondiente Régimen de la Seguridad Social.

Fecha real alta

Fecha en que se produce el inicio de la actividad en la empresa.

Fecha real baja

Fecha en que se produce el cese de la actividad en la empresa.

Fijo discontinuo

Es el trabajador con un contrato por tiempo indefinido de fijo-discontinuo que se concierta para realizar trabajos que tengan el carácter de fijos-discontinuos y no se repitan en fechas ciertas, dentro del volumen normal de actividad de la empresa. A los supuestos de trabajos discontinuos que se repitan en fechas ciertas les será de aplicación la regulación del contrato a tiempo parcial celebrado por tiempo indefinido. Los trabajadores fijos-discontinuos deben ser llamados en el orden y la forma que se determine en los respectivos convenios colectivos, pudiendo el trabajador, en caso de incumplimiento, reclamar en procedimiento de despido.

Fines de la seguridad social

Objetivo de la Seguridad Social que consiste en proporcionar al trabajador y a los familiares o asimilados que tuviera a su cargo, la protección adecuada frente a las contingencias y en las situaciones previstas por la ley.

Finiquito

Ajuste de todas las cantidades devengadas (incluidas las posibles indemnizaciones a que se tenga derecho) con motivo del cese en la relación laboral. También, certificado en el que se detallan los conceptos y cantidades devengadas al cesar la relación laboral.

Fondo de Garantía Salarial

Organismo Autónomo, dependiente del Ministerio de Trabajo y Economía Social, con personalidad jurídica y capacidad de obrar, que tiene como fines abonar a los trabajadores el importe de los salarios pendientes de pago a causa de insolvencia, suspensión de pagos, quiebra o concurso de acreedores de los empresarios.

Fondo de pensiones

Instrumentos de previsión voluntaria, complementaria de las prestaciones de la Seguridad Social, por los cuales una persona contrata, con determinadas entidades administradoras reconocidas, el derecho a percibir rentas o capitales por jubilación, supervivencia, viudedad y orfandad mediante la capitalización de las aportaciones periódicas realizadas a lo largo de su vida. Los Fondos de Pensiones son patrimonios creados al exclusivo objeto de dar cumplimiento a Planes de Pensiones, cuya gestión, custodia y control se realizan de acuerdo con la ley.

Fondo de reserva

Caja o previsión de recursos constituida por los excedentes de cotizaciones para atender las necesidades futuras del Sistema de la Seguridad Social.

Fraccionamiento de cuotas

Acción o efecto de fraccionar las cuotas de la Seguridad Social. No es lo mismo que aplazamiento, que es una demora en cuanto al pago de las mismas.

Garantías de los representantes de los trabajadores

La ley establece una serie de normas que pretenden proteger y garantizar el derecho de los representantes de los trabajadores a ejercer las funciones de su cargo, y que deben mejorarse en los convenios colectivos. Así, por ejemplo, tienen derecho a un número de horas de trabajo al mes para ejercer las funciones de representación, gozan de garantías y trámites mas complicados a la hora de ser sancionados, pueden convocar asambleas, etc.

Gerencia de informática de la seguridad social

Con naturaleza de Servicio Común de la Seguridad Social, depende funcionalmente de la Dirección General de Ordenación de la Seguridad Social, de cada Entidad Gestora de la Seguridad Social, de la Intervención General de la Seguridad Social y de la Tesorería General de la Seguridad Social, respecto de los programas y proyectos que afecten a su competencia respectiva.Sus actuaciones se ajustarán a las directrices establecidas por el Consejo general de tecnologías de la información y las comunicaciones de la Seguridad Social. Tiene atribuidas, entre otras, las funciones de elaboración y proposición de los planes directivos de sistemas de tecnologías de la información y de las telecomunicaciones; la propuesta de creación, desarrollo y modificación de los sistemas de información; la creación, custodia y administración de las bases de datos corporativas del sistema, así como los sistemas de seguridad y de confidencialidad, etc.

Gestión centralizada

Autorización que la Tesorería General de la Seguridad Social concede a empresas con centros de trabajo en varias provincias para que realicen en una sola determinadas gestiones administrativas relacionadas con la cotización-recaudación.

Grados de la incapacidad permanente

Distintos estados de la reducción de la capacidad de trabajo del interesado, que pueden constituir incapacidad parcial, total, absoluta y de gran invalidez, y que pueden atribuir derechos a prestaciones de diversa cuantía.

Gran invalidez

Incapacidad permanente cuando, por consecuencia de pérdidas anatómicas o funcionales, se necesita la asistencia de otra persona para los actos más esenciales de la vida, tales como vestirse, desplazarse, comer o análogos. Tendrá derecho a la pensión por incapacidad permanente absoluta, incrementada en un 50%, destinado a que el inválido pueda remunerar a la persona que le atienda.

Gratificación

Recompensa pecuniaria de un servicio eventual; remuneración fija que se concede por el desempeño de un servicio o cargo.

Grupo de cotización

Cada uno de los grupos, en los que se clasificaron, a efectos de cotización a la Seguridad Social, las categorías profesionales existentes en las distintas reglamentaciones de trabajo.

Guarda con fines de adopción

Situación que se equipara al anterior acogimiento preadoptivo. Se introduce en la Ley 26/2015, de modificación del sistema de protección a la infancia y adolescencia. Su disposición adicional segunda establece que todas las referencias que en las leyes y demás disposiciones se realizasen al «acogimiento preadoptivo» deberán entenderse hechas a la «delegación de guarda para la convivencia preadoptiva» prevista en el artículo 176 bis del código Civil.

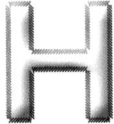

Hecho causante

Se entiende por hecho causante de una prestación aquél que da lugar a la realización de la contingencia o situación protegida y que ha sido fijado por la ley o por el reglamento en fecha determinada (por ejemplo, la muerte para la pensión de viudedad, el cumplimiento de la edad y el cese en el trabajo para la pensión de jubilación, etc).

Horas complementarias

Aquellas cuya posibilidad de realización haya sido acordada, como adición a las horas ordinarias pactadas en el contrato a tiempo parcial, conforme al régimen jurídico establecido en el Estatuto de los Trabajadores y, en su caso, en los convenios colectivos sectoriales o, en su defecto, de ámbito inferior. Están sujetas a reglas particulares.

Horas extraordinarias

Aquellas horas de trabajo que se realicen, con carácter voluntario, sobre la duración máxima de la jornada ordinaria de trabajo. Se puede optar, mediante convenio colectivo o contrato individual, entre abonarlas o compensarlas por tiempos equivalentes de descanso retribuido. Su número no puede ser superior a ochenta al año, salvo las trabajadas para prevenir o reparar siniestros y otros daños extraordinarios y urgentes.

Horas extraordinarias estructurales

Aquellas que sean necesarias para atender pedidos imprevistos, períodos de punta de producción, ausencias imprevistas, cambios de turno u otras circunstancias.

Huelga

Derecho básico de los trabajadores que causa la suspensión del contrato de trabajo y, por consiguiente, de las obligaciones recíprocas de trabajar y de abonar la remuneración, así como de la obligación de cotizar. El trabajador permanece en situación de alta especial.

Huérfanos

Los hijos, cualquiera que sea la naturaleza legal de su filiación, que al fallecer sus progenitores, o uno de los dos, tienen derecho a la pensión de orfandad cuando reúnen la edad y condiciones que se determinan legalmente.

Identificador de personas físicas (i.p.f.)

Identificador de personas físicas que podrá corresponderse con un Documento Nacional de Identidad, pasaporte, permiso de trabajo, etc.

Imprescriptibilidad

Derecho al reconocimiento de la pensión de jubilación y de las prestaciones por muerte y supervivencia, con excepción del auxilio por defunción, que no se extingue por el transcurso del tiempo, sin perjuicio de que los efectos de tal reconocimiento se produzcan a partir de los tres meses anteriores a la fecha en que se presente la correspondiente solicitud.

Imserso (Instituto de Mayores y Servicios Sociales)

Entidad Gestora, con naturaleza pública y capacidad jurídica, para la gestión de las pensiones de invalidez y jubilación en sus modalidades no contributivas, (y ejecutada por las Comunidades Autónomas), así como de los servicios complementarios de las prestaciones del Sistema de la Seguridad Social, además de otras competencias en materia de migraciones.

In itinere

Expresión latina, por la cual se considera accidente de trabajo el que sufra el trabajador el trabajador por cuenta ajena al ir o al volver del lugar de trabajo. En el Régimen Especial de Trabajadores por cuenta propia o Autónomos no se considera accidente de trabajo esta circunstancia.

Incapacidad permanente

Situación del trabajador que, después de haber estado sometido al tratamiento prescrito y de haber sido dado de alta médicamente, presenta reducciones anatómicas o funcionales graves, susceptibles de determinación objetiva y previsiblemente definitivas, que disminuyan o anulen su capacidad laboral, y que puede causar derecho a una prestación de cuantía variable según el grado de la incapacidad (parcial, total, absoluta o gran invalidez). Es causa de extinción de la relación laboral, salvo en el caso de incapacidad permanente parcial y cuando, en incapacidad permanente total, se declare la suspensión de la relación laboral, con reserva de puesto de trabajo.

Incapacidad permanente absoluta

La que inhabilita por completo al trabajador para toda profesión u oficio. La pensión es del 100% de la base reguladora.

Incapacidad permanente parcial

La que, sin alcanzar el grado de total, ocasione al trabajador una disminución no inferior al 33% en su rendimiento normal para la profesión habitual, sin impedirle la realización de las tareas fundamentales de la misma. La prestación consiste en una cantidad a tanto alzado.

Incapacidad permanente total

La que inhabilita al trabajador para la realización de todas o de las fundamentales tareas de su profesión habitual, siempre que pueda dedicarse a otra distinta. Atribuye derecho a una prestación del 55% de la base reguladora, si bien, en determinadas circunstancias, puede incrementarse en un 20%, a partir de los 55 años.

Incapacidad temporal

Situación de enfermedad común o profesional y accidente, sea o no de trabajo, que puede atribuir el derecho a un subsidio mientras se reciba asistencia sanitaria de la Seguridad Social y se esté impedido para el trabajo, con una duración máxima de 12 meses, prorrogables por otros 6 cuando se presuma que durante ellos pueda el trabajador ser dado de alta médica por curación. También son situación determinante de incapacidad temporal, los periodos de observación por enfermedad profesional en los que se prescriba la baja en el trabajo, con una duración máxima de 6 meses prorrogables por otros 6, cuando se estime necesario para el estudio y diagnóstico de la enfermedad. La incapacidad temporal es una de las causas de suspensión del contrato de trabajo.

Incompatibilidad de prestaciones

Principio general establecido por la ley, según el cual las prestaciones son incompatibles entre sí cuando coinciden en el mismo beneficiario, salvo que, legal o reglamentariamente, se disponga expresamente lo contrario; en tales casos, se deberá optar por una de ellas. La incompatibilidad puede darse también entre una prestación y un trabajo por cuenta ajena o propia, en cuyo caso la prestación no puede percibirse mientras se realice el trabajo o actividad que dé lugar a la inclusión en algún régimen público de Seguridad Social.

Incompatibilidades

Impedimento legal para percibir determinadas prestaciones de Seguridad Social cuando se realizan trabajos o cuando se desempeña un puesto en el sector público.

Incremento del 20% en la pensión de incapacidad permanente total

Incremento de la pensión de los trabajadores calificados como incapacitados permanentes totales para su profesión habitual, cuando por su edad, 55 años o más, falta de preparación general o especializada, y circunstancias sociales y laborales del lugar de residencia, se presume la dificultad de obtener empleo en actividad distinta de la habitual anterior.

Indefensión

Situación producida por la negación total o parcial del derecho a ser oído y a defenderse en un procedimiento o en un juicio y que ocasiona al que la sufre un perjuicio real. Se anulan o restringen de manera injustificada las oportunidades de defensa de una parte en relación con la contraria, en trámite de alegaciones o de prueba.

Indemnización

Cantidad de dinero recibida por quien ha sufrido un perjuicio o un daño frente al que protege el ordenamiento jurídico.

Indicador público de rentas de efectos múltiples (IPREM)

Se utiliza como indicador o referencia del nivel de renta que sirve para determinar la cuantía de determinadas prestaciones o para acceder a determinados beneficios, prestaciones o servicios públicos, sustituyendo al salario mínimo interprofesional en esta función, de forma obligatoria para el caso de las normas del Estado y de forma potestativa para el caso de las Comunidades Autónomas, de las Ciudades de Ceuta y Melilla y de las entidades que integran la Administración local.

INEM (Instituto de Empleo. Servicio Público de Empleo Estatal)

Organismo autónomo, adscrito al Ministerio de Trabajo y Economía Social, competente para gestionar las funciones y servicios derivados de las prestaciones de protección por desempleo y para declarar el reconocimiento, suspensión, extinción y reanudación de las prestaciones.

Información (derecho)

Derecho de los interesados y de las personas que acrediten un interés personal y directo, a ser informados por los Organismos de la Administración acerca de los datos a ellos referentes que obren en los mismos.

Inscripción de empresas

Acto administrativo que debe ser solicitado obligatoriamente, por el cual las empresas pasan a formar parte e identificarse en el Registro a cargo de la Tesorería General de la Seguridad Social, como requisito previo e indispensable a la iniciación de sus actividades.

Instituto Nacional de Gestión Sanitaria (INGESA)

Entidad Gestora de la Seguridad Social, con personalidad jurídica propia y adscrita al Ministerio competente en Sanidad, a través de la Secretaría de Estado de Sanidad, a la que se atribuye la gestión de las prestaciones sanitarias de la Seguridad Social en el ámbito de las Ciudades de Ceuta y Melilla. Las competencias en materia de asistencia sanitaria, anteriormente asignadas al extinguido Instituto Nacional de la Salud, ya fueron transferidas a todas las Comunidades Autónomas.

Constitucionalmente, el Estado tiene competencia exclusiva en materia de sanidad exterior, bases y coordinación general de la Sanidad, legislación sobre productos farmacéuticos y, asimismo, sobre la legislación básica y el régimen económico de la Seguridad Social, sin perjuicio de la ejecución de sus servicios por las Comunidades Autónomas.

Instituto Nacional de la Seguridad Social (INSS)

Es una Entidad Gestora con personalidad jurídica propia, adscrita al Ministerio competente en Seguridad Social, a través de la Secretaría de Estado de la Seguridad Social y Pensiones, y cuya competencia genérica se extiende a la gestión y administración de las prestaciones económicas de Sistema de la Seguridad Social, con excepción de aquéllas cuya gestión está atribuida al Instituto de Mayores y Servicios Sociales o a los servicios competentes de las Comunidades Autónomas. Concretamente, el Instituto Nacional de la Seguridad Social tiene atribuidas, entre otras, las siguientes competencias: Reconocimiento y control del derecho a las prestaciones económicas que otorga el Sistema de la Seguridad Social en su modalidad contributiva, sin perjuicio de las competencias atribuidas al Servicio Público de Empleo Estatal, en materia de prestaciones de protección por desempleo y al Instituto Social de la Marina en relación con el Régimen Especial de los Trabajadores del Mar; reconocimiento y control del derecho a la asignación económica por hijo a cargo, y pagos únicos por nacimiento del tercer o posterior hijos y por parto múltiple; reconocimiento del derecho a la asistencia sanitaria; relaciones Internacionales de carácter institucional y negociación y ejecución de los Convenios Internacionales de Seguridad Social; gestión y funcionamiento del Registro de Prestaciones Sociales Públicas; gestión de las prestaciones económicas y sociales del síndrome tóxico, etc.

Instituto Social de la Marina (ISM)

Entidad de derecho público, con personalidad jurídica propia, bajo la dirección y tutela del Ministerio competente en Seguridad Social, con una doble dimensión de competencias: los problemas sociales del sector marítimo pesquero y la gestión del Régimen Especial de la Seguridad Social de los Trabajadores del Mar.

Integración de lagunas

Cuando, en el periodo que haya de tomarse para el cálculo de la base reguladora de las pensiones de jubilación y de incapacidad permanente, derivada de enfermedad común, o también, de accidente no laboral en situaciones de no alta, si se trata de trabajadores por cuenta ajena, aparecen meses durante los cuales no ha existido obligación de cotizar, dichas lagunas o vacíos de cotización, se integran, exclusivamente para efectuar el referido cálculo, con la base mínima del Régimen General existente en cada momento.

Interés legal del dinero

Rédito o beneficio fijado anualmente por la Ley de Presupuestos Generales del Estado. El principal de la deuda, los recargos sobre la misma y las costas del procedimiento que fueran objeto de aplazamiento devengan interés, que será exigible desde su concesión hasta la fecha de pago, conforme al interés legal del dinero que se encuentre vigente en cada momento durante la duración del aplazamiento. Asimismo, en el Régimen Especial de Autónomos, las cotizaciones exigibles correspondientes a periodos anteriores a la formalización del alta, que dan también lugar al devengo de intereses, serán exigibles desde la correspondiente fecha en que debieron ser ingresadas, de conformidad con el tipo de interés legal del dinero vigente en el momento del pago.

Intereses de demora

Porcentaje aplicable al importe de una deuda con la Seguridad Social (principal más recargo) no abonada en plazo reglamentario, que se devengará desde el vencimiento de dicho plazo y será exigible a partir de los quince días siguientes a la notificación de la providencia de apremio o comunicación del inicio del procedimiento de deducción.

Intervención General de la Seguridad Social (IGSS)

Bajo la dependencia funcional de la Intervención General de la Administración del Estado, es el órgano de control interno y de dirección y gestión de la contabilidad de las entidades que integran el sistema de la Seguridad Social.

Invalidez (modalidad no contributiva)

Pueden ser constitutivas de esta situación las deficiencias previsiblemente permanentes de carácter físico o psíquico, congénitas o no, que anulen o modifiquen la capacidad física, psíquica o sensorial de quienes las padecen, y que pueden dar derecho a una pensión cuya cuantía es fijada en la correspondiente ley de Presupuestos Generales del Estado de cada año.

Irrenunciabilidad de los derechos

Principio general consagrado por la Ley de Seguridad Social conforme al cual es nulo todo pacto individual o colectivo por el cual el trabajador renuncie a los derechos que le confiere la citada Ley.

Irretroactividad

Principio de derecho según el cual las leyes no tienen efecto en cuanto a los hechos anteriores a su promulgación, salvo expresa disposición en contrario. La norma nueva no será aplicable a situaciones originadas durante la vigencia de otra que se deroga y sólo producirá efectos a partir de su entrada en vigor. La Constitución garantiza el principio de irretroactividad de las disposiciones sancionadoras no favorables o restrictivas de derechos individuales.

Jornada laboral

La duración de la jornada de trabajo será la pactada en los convenios colectivos o contratos de trabajo. La duración máxima de la jornada ordinaria de trabajo será de cuarenta horas semanales de trabajo efectivo de promedio en cómputo anual. El número de horas ordinarias de trabajo efectivo no podrá ser superior a nueve diarias, salvo que por convenio colectivo, en su defecto, acuerdo entre la empresa y los representantes de los trabajadores, se establezca otra distribución del tiempo de trabajo diario, respetando en todo caso el descanso entre jornadas. Los trabajadores menores de 18 años no podrán realizar más de ocho horas diarias de trabajo efectivo, incluyendo, en su caso, el tiempo dedicado a la formación y, si trabajase para varios empleadores, las realizadas con cada uno de ellos. o se tendrá en cuenta, a efectos de la duración máxima de la jornada ordinaria laboral, ni para el cómputo de las horas extraordinarias autorizadas, el exceso de los trabajos para prevenir o reparar siniestros u otros daños extraordinarios y urgentes, sin perjuicio de su compensación como horas extraordinarias. Mediante convenio colectivo o, en su defecto, por acuerdo entre la empresa y los representantes de los trabajadores, se podrá establecer la distribución irregular de la jornada a lo largo del año. Dicha distribución deberá respetar en todo caso los períodos mínimos de descanso diario y semanal. El tiempo de trabajo se computará de modo que tanto al comienzo como al final de la jornada diaria el trabajador se encuentre en su puesto de trabajo.

Jubilación

Pensión vitalicia reconocida al trabajador que, una vez alcanzada la edad legal, cesa (o ya había cesado) en el trabajo, habiendo cumplido los requisitos exigidos. La edad ordinaria de jubilación está fijada legalmente a los 65 años. Existen distintas clases o tipos de jubilación.

Jubilación anticipada

Tiene este carácter la que se concede en ciertos casos antes de cumplir la edad legal de 65 años, con o sin aplicación de porcentajes de reducción de su cuantía. Así, en primer lugar, la edad ordinaria de jubilación (65 años) puede ser rebajada o anticipada en aquellos grupos o actividades profesionales, cuyos trabajos sean de naturaleza excepcionalmente penosa, peligrosa, tóxica e insalubre, y así lo reconozca la normativa aplicable. En segundo lugar, la edad mínima puede ser reducida también en el caso de personas minusválidas en un grado de minusvalía igual o superior al 65 por 100. Asimismo, pueden causar la pensión de jubilación, en virtud de normas de derecho transitorio, a partir de los 60 años, con aplicación de coeficientes reductores, los trabajadores que el 1-1-67 (o fecha equivalente), o con anterioridad, tenían la condición mutualista. Por último, puede reconocerse la pensión, a partir de los 61 años, a los trabajadores por cuenta ajena que acrediten, al menos, 30 años de cotización, habiendo estado inscritos 6 meses como demandantes de empleo y hayan cesado en el trabajo por causa no imputable a ellos mismos.

Jubilación especial a los 64 años

Modalidad de jubilación que, como medida de fomento del empleo, permite rebajar la edad mínima de jubilación de 65 años a 64, a los trabajadores por cuenta ajena, sin la aplicación de coeficientes reductores, siempre que, simultáneamente a su cese, sean sustituidos por un trabajador inscrito como demandante de empleo, con un contrato a tiempo completo de una duración mínima de un año.

Jubilación gradual y flexible

Pensión de jubilación que, una vez causada, se compatibiliza con un trabajo a tiempo parcial, con la consecuente minoración de aquélla en proporción inversa a la reducción aplicable a la jornada de trabajo del pensionista.

Jubilación para mayores de 65 años

Cuando se accede a la pensión con más de 65 años, el trabajador podrá percibir un porcentaje adicional del 2 por 100 de la cuantía resultante, por cada año completo que, en la fecha del hecho causante, haya cotizado desde el cumplimiento de los 65 años, si tiene acreditados 35 de cotización; si no los tuviere aún, el año se computará a partir del momento en que los acredite.

Jubilación parcial

La iniciada después del cumplimiento de los 60 años (reales o ficticios, si existen bonificaciones), simultánea con un contrato de trabajo a tiempo parcial y vinculada o no con un contrato de relevo celebrado con un trabajador en situación de desempleo o que tenga concertado con la empresa un contrato de duración determinada. El contrato de relevo es obligatorio en tanto el jubilado no haya cumplido los 65 años.

Jurisdicción social

Orden jurisdiccional a quien la Ley Orgánica del Poder Judicial atribuye las competencias para conocer de las pretensiones que se susciten y tengan por fundamento material normas de Derecho del Trabajo y de la Seguridad Social.

Juzgado de lo social

Organo jurisdiccional para conocer en primera y única instancia sobre las materias atribuidas a la jurisdicción social que no estén asignadas a órganos superiores (que son las atribuidas en primera instancia a los Tribunales Superiores de Justicia y a la Audiencia Nacional). En los Juzgados de lo Social se tratará tanto de la instancia como de la ejecución.

Laudo

El laudo o decisión arbitral es la resolución que adoptan uno o varios árbitros para resolver una situación de conflicto que afecta a una empresa y los trabajadores de la misma.

Libertad sindical

Derecho fundamental reconocido a los trabajadores en nuestro texto constitucional que se configura además como un principio básico de nuestro sistema de relaciones laborales.

Limitación de cuantía de las pensiones

El importe inicial de las pensiones contributivas por cada beneficiario no podrá superar la cuantía íntegra mensual que establezca anualmente la correspondiente Ley de Presupuestos Generales del Estado. Asimismo, el importe de la revalorización anual de las pensiones contributivas no podrá determinar para éstas, una vez revalorizadas, un valor íntegro anual superior a la cuantía establecida en la correspondiente Ley de Presupuestos Generales del Estado, sumado, en su caso, al importe anual íntegro ya revalorizado de las otras pensiones públicas percibidas por su titular.

Límite de acumulación de recursos

Nivel de rentas o ingresos que establece la ley para determinar si una persona cumple o no el requisito de carecer de rentas o ingresos suficientes, a efectos de percibir una pensión de jubilación o de invalidez en modalidad no contributiva. Se considerará que existen rentas o ingresos insuficientes cuando la suma, en cómputo anual, de los mismos sea inferior al importe, también en cómputo anual, de la prestación. Los límites de acumulación de recursos, en el supuesto de unidad económica, serán equivalentes a la cuantía, en cómputo anual, de la pensión, más el resultado de multiplicar el setenta por ciento de dicha cifra por el número de convivientes, menos uno. Cuando la convivencia, dentro de una misma unidad económica, se produzca entre el solicitante y sus descendientes o ascendientes en primer grado, los límites de acumulación de recursos serán equivalentes a dos veces y media de la cuantía que resulte de aplicar lo indicado anteriormente.

Maternidad

(Véase "Descanso por maternidad").

Mejora salarial

Es cualquier tipo de incremento retributivo sobre lo legalmente estipulado o pactado en convenio colectivo. La superación de esos mínimos sería la mejora salarial que puede ser individual (ad personam) o colectiva.

Mejoras voluntarias

Aumento voluntario de las cotizaciones o de las prestaciones sociales en la forma y condiciones que autorizan las normas reglamentarias del Régimen General y de los regímenes especiales de la Seguridad Social.

Minería del carbón

Actividad de explotaciones mineras de carbón regulada, en determinados aspectos específicos, por el Régimen Especial de la Seguridad Social para la Minería del Carbón.

Modalidad contributiva y no contributiva

Se aplican estos términos, en general, a las clases de las prestaciones según se calcule o no su importe sobre las cotizaciones efectuadas al Sistema de la Seguridad Social. La modalidad contributiva tiene un carácter eminentemente profesional, destinada a la protección de los trabajadores, en tanto que la modalidad no contributiva se dirige a la protección de quienes, acreditando una situación de carencia o insuficiencia de recursos, no han cotizado nunca al Sistema de la Seguridad Social o no han cotizado lo suficiente para acceder a prestaciones del nivel contributivo. La cuantía de las pensiones y asignaciones de la modalidad no contributiva se fijan anualmente en la Ley de los Presupuestos Generales del Estado.

Movilidad funcional

El empresario está facultado para que de forma unilateral, pueda variar el contenido de la prestación de trabajo, esto es, de las funciones del trabajador.

Es lo que se denomina movilidad funcional, que se enmarca dentro del poder de dirección y organización del empresario aunque sometida aciertos límites. Identificadas en un primer momento las tareas y funciones a desarrollar por el trabajador a través de los sistemas, convencional e individual, de clasificación profesional, el empresario puede posteriormente, decidir el cambio de puesto de trabajo. Este cambio puede efectuarse dentro del mismo grupo profesional o, en su defecto entre categorías profesionales equivalentes. En este caso, apenas se aprecian limitaciones a la facultad empresarial, a no ser la concurrencia de buena fe, no vulneración de los derechos fundamentales ni de la dignidad humana del trabajador, y retribución acorde con las funciones efectivamente desempeñadas. Aparte de estas limitaciones que han de estar presentes en la generalidad de los supuestos de movilidad funcional, para los casos de movilidad que impliquen realización defunciones no correspondientes al grupo profesional o a categorías equivalentes, se precisan una serie de requisitos específicos: concurrencia de causas técnicas u organizativas que justifiquen la medida adoptada, y sujeción a límites temporales, esto es, sólo puede acordarse por el tiempo imprescindible. Correlativamente con lo anterior, si se encomiendan funciones inferiores a las del grupo profesional o categoría equivalente, se impone el mantenimiento de la retribución de origen y la comunicación a los representantes de los trabajadores. Por contra, si el cambio implica el desempeño de funciones superiores, y se realizan por un período superior a seis meses durante un año, o a ocho durante dos años, el trabajador podrá ejercitar los siguientes derechos: ascenso, cobertura de vacante, reclamación de diferencias salariales entre categorías, y reclamación de la categoría profesional a través del proceso de clasificación profesional, siempre que no exista obstáculo legal o convencional para ello.

Mutualidades de previsión social

Son entidades aseguradoras que ejercen una modalidad aseguradora de carácter voluntario complementaria al sistema de Seguridad Social obligatoria, mediante aportaciones a prima fija o variable de los mutualistas, personas físicas o jurídicas, o de otras entidades o personas protectoras. En cuanto al ámbito de cobertura, en la previsión de riesgos sobre las personas las contingencias que pueden cubrir son las de muerte, viudedad, orfandad y jubilación, garantizando prestaciones económicas en forma de capital o renta. Asimismo, podrán otorgar prestaciones por razón de matrimonio, maternidad, hijos y defunción. Y podrán realizar operaciones de seguro de accidentes e invalidez para el trabajo, enfermedad, defensa jurídica y asistencia, así como prestar ayudas familiares para subvenir a necesidades motivadas por hechos o actos jurídicos que impidan temporalmente el ejercicio de la profesión.

Mutuas Colaboradoras con la Seguridad Social

Son asociaciones privadas de empresarios constituidas mediante autorización del Ministerio de Inclusión, Seguridad Social y Migraciones e inscripción en el Registro especial dependiente de éste, que tienen por finalidad colaborar en la gestión de la Seguridad Social, bajo la dirección y tutela del mismo, sin ánimo de lucro y asumiendo sus asociados responsabilidad mancomunada en los supuestos y con el alcance establecidos en la ley que las regula.

Las Mutuas Colaboradoras con la Seguridad Social, una vez constituidas, adquieren personalidad jurídica y capacidad de obrar para el cumplimiento de sus fines. El ámbito de actuación de las mismas se extiende a todo el territorio del Estado.

La colaboración en la gestión de la Seguridad Social comprenderá las siguientes actividades: la gestión de prestaciones económicas y de asistencia sanitaria comprendidas en la protección de las contingencias de accidentes de trabajo y enfermedades profesionales, así como las actividades de prevención de dichas contingencias; la gestión de la prestación económica de incapacidad temporal derivada de contingencias comunes, y de las prestaciones de riesgo durante el embarazo y riesgo durante la lactancia; gestión de las prestaciones económicas por cese en la actividad de los trabajadores autónomos; gestión de la prestación por cuidado de menores afectados por cáncer u otra enfermedad grave, así como las demás actividades de la Seguridad Social que les sean atribuidas legalmente.

Negociación colectiva

Es la forma habitual de regular las condiciones de trabajo en las empresas.

1. Proceso de adopción de decisiones cuya finalidad fundamental es llegar a convenir un conjunto de normas que rijan el fondo y el procedimiento de la relación de empleo en una empresa, así como las relaciones entre empresario y trabajador.

2. Negociación o debate conjunto de los salarios, horarios y condiciones de trabajo entre la dirección y los representantes de los trabajadores.

167

Nivel salarial

En todas las organizaciones los salarios se ordenan de acuerdo con la aportación de cada trabajador, conforme a los criterios de clasificación establecidos en cada empresa. Esta ordenación se agrupa en niveles salariales: en cada -nivel- se incluyen los puestos de trabajo de contenidos y aportaciones equivalentes. El conjunto de -niveles-, ordenados de menor a mayor, forma la escala salarial de la empresa.

Número de afiliación

El que la Tesorería General de la Seguridad Social asigna al trabajador, sea por cuenta ajena o propia, cuando causa alta inicial en la Seguridad Social. Tiene carácter vitalicio y único para el Sistema de la Seguridad Social en todo el territorio nacional.

Número de la seguridad social (NSS)

Número que identifica a cada persona, para su relación con el Sistema y que asigna la Seguridad Social.

Ocupación efectiva

Derecho laboral del trabajador (art. 4.2.a) LET) y consiguiente obligación del empresario dentro del complejo de deberes de protección de la capacidad profesional de aquél que se concreta en el deber de proporcionar al trabajador una ocupación que le permita prestar efectivamente sus servicios. El empresario sólo se exonera de dicha obligación cuando la falta de ocupación se debe a fuerza mayor, cuando concurren causas económicas, técnicas, organizativas o de producción, cuando se trata de contratos formativos, en los que se alternan periodos de formación y periodos de trabajo, de modo que no siempre se está trabajando en sentido estricto, o del contrato sometido a periodo de prueba, donde esta cualidad permite la no ejecución efectiva de actividad laboral en determinados intervalos. No obstante, la legislación laboral reconoce un supuesto en que se legaliza temporalmente la no ocupación efectiva; se trata del supuesto de despido declarado improcedente pero recurrido por el empresario, donde cabe que este último retribuya al trabajador, y hasta tanto se dicta sentencia firme, aun sin prestación de servicios por parte de dicho trabajador (art. 298 LRJS).

Oficinas recaudadoras

Son las entidades financieras y otros órganos o agentes autorizados por el Ministerio competente en Seguridad Social para la recaudación de los recursos y su posterior ingreso en la TGSS (fundamentalmente bancos y cajas de ahorros).

Opción (derecho de)

Derecho a elegir entre dos prestaciones, legalmente incompatibles.

Opción de IT

Opción que se ejerce para determinar la cobertura de la prestación económica de la incapacidad temporal.

Orfandad

Pensión que perciben los hijos del causante fallecido, cualquiera que sea la naturaleza legal de su filiación, y los aportados al matrimonio por el cónyuge sobreviviente, (si reúnen los demás requisitos exigidos), siempre que, al fallecer el causante, sean menores de veintiún años o estén incapacitados para el trabajo y que el causante se encontrase en alta o situación asimilada al alta. En caso de que el causante se encontrase en situación de no alta, se exigirá que , a su fallecimiento, tuviera cubierto un período mínimo de cotización de 15 años. En los casos en que el hijo del causante no efectúe un trabajo lucrativo por cuenta ajena o propia, o cuando realizándolo, los ingresos que obtenga en cómputo anual resulten inferiores al importe del salario mínimo interprofesional que se fije en cada momento, también en cómputo anual, podrá ser beneficiario de la pensión de orfandad siempre que, a la fecha de fallecimiento del causante, fuera menor de 25 años. Si el huérfano estuviera cursando estudios y cumpliera los veinticinco años durante el transcurso del curso escolar, la percepción de la pensión de orfandad se mantendrá hasta el día primero del mes inmediatamente posterior al del inicio del siguiente curso académico.

Pacto de no concurrencia

Pacto implícito en el contrato de trabajo que obliga al trabajador a no realizar la prestación laboral a que se obliga por el contrato para diversos empresarios cuando se estime que es competencia desleal con la actividad empresarial o expreso cuando se pacte la plena dedicación a cambio de una compensación económica (art. 21.1 LET). El pacto de no concurrencia puede producir efectos incluso después de extinguido el contrato de trabajo, aunque, en este caso, debe preverse expresamente, no pudiendo exceder su duración de dos años, siendo válido, además, sólo si se satisface al trabajador una compensación económica adecuada y se demuestra que el empresario tiene un efectivo interés industrial o comercial que lo justifique (art. 21.2 LET).

País de destino

País al que es desplazado un trabajador para la prestación de servicios.

País de origen

País desde el que se desplaza un trabajador para realizar actividad en España.

Parte (de altas y bajas en seguridad social)

Se usa en su acepción de comunicación a la Tesorería General de la Seguridad Social de alguna circunstancia por la que un sujeto protegido establece, cesa o varía su relación con el Sistema de la Seguridad Social, con la denominación de parte de alta, parte de baja o parte de variación. Se realiza siempre en un modelo oficial establecido y editado por la Tesorería General de la Seguridad Social.

Parte médico

(Véase \\"Alta y Baja médica\\")

Participación en el control de la gestión de la seguridad social

Intervención de los sindicatos y organizaciones empresariales en el control y vigilancia de la gestión de las Entidades Gestoras por órganos colegiados existentes a nivel estatal y provincial. (Véase "Consejo General del INSS y del ISM y Comisiones Ejecutivas").

Parto

(Véase "Descanso por maternidad")

Pensiones

Son prestaciones económicas de la Seguridad Social, de pago periódico y de duración normalmente vitalicia o hasta que el beneficiario alcance una edad predeterminada. Pueden ser de modalidad contributiva (cuando se reconoce el derecho en virtud de las cotizaciones efectuadas) y de modalidad no contributiva (cuando se carece de rentas o ingresos suficientes y se cumplen las restantes condiciones establecidas por la ley).

Percepciones extrasalariales

Cantidades percibidas por el trabajador en concepto de indemnizaciones o suplidos por los gastos realizados como consecuencia de su actividad laboral, así como las prestaciones e indemnizaciones de la Seguridad Social y las indemnizaciones correspondientes a traslados, suspensiones o despidos (art. 26.2 LET); no constituyen salario a ningún efecto, quedando también excluidas del cómputo para la base de cotización a la Seguridad Social (art. 109.2 LGSS).

Periodo de prueba

Tiempo estipulado desde la firma del contrato de trabajo hasta que éste se hace firme. Durante el mismo cualquiera de las partes puede resolver el contrato sin necesidad de alegar causa alguna. Su duración vendrá reflejada en el Convenio Colectivo de aplicación.

Periodo mínimo de cotización

(Ver Carencia)

Períodos de empleo

En Derecho comunitario, los períodos definidos o admitidos como tales por la legislación bajo la cual hayan sido cubiertos, así como todos los períodos asimilados en la medida en que sean reconocidos por esta legislación como equivalentes a los períodos de empleo.

Persona a cargo

Persona que convive y depende económicamente del trabajador o beneficiario de una prestación y que puede atribuir mayor cuantía de la referida prestación (por ejemplo: complementos por mínimos en las pensiones de jubilación y viudedad).

Planes de pensiones

Se configuran como instituciones de previsión voluntaria y libre, que definen el derecho de las personas, a cuyo favor se constituyen, a percibir rentas o capitales por jubilación, supervivencia, viudedad, orfandad o invalidez; de carácter privado; pueden o no ser complemento del preceptivo sistema de la Seguridad Social obligatoria, al que en ningún caso sustituyen. La norma establece el principio de no discriminación, garantizando el acceso como partícipe de un plan a cualquier persona física que reúna las condiciones de vinculación o de capacidad de contratación.

Plazo reglamentario de ingreso

Es aquél en el que el sujeto obligado al pago de una deuda con la Seguridad Social debe proceder a dar cumplimiento a dicha obligación sin incurrir en mora. Forma parte del período voluntario de recaudación.

Pluriactividad

Situación del trabajador que desarrolla su trabajo en dos o más actividades que obligan a la inclusión en distintos Regímenes de la Seguridad Social, por lo que ha de considerarse si reúne los requisitos que cada Régimen tenga establecidos.

Pluriempleo

Situación del trabajador que desarrolla su actividad en dos o más empresas del mismo Régimen. Tal situación debe comunicarse a la Tesorería General de la Seguridad Social para que, si procede, efectúe la distribución de los límites de cotización entre las empresas afectadas. Las personas comprendidas en el campo de aplicación del Sistema de la Seguridad Social no podrán estar incluidas por el mismo trabajo, con carácter obligatorio, en otros Regímenes de Seguridad Social distintos de los que integran dicho Sistema.

Prelación de créditos

Orden de preferencia en el que deben abonarse los créditos de distintos acreedores de un solo deudor.

Prescripción

Lapso de tiempo, transcurrido el cual sin interrupción válida, se extinguen los derechos y las acciones no ejercitadas.

Prescripción de cuotas

Período de tiempo preciso para la extinción de la obligación de abono de las cuotas de la Seguridad Social, cuya duración es de cuatro años.

Prescripción de prestaciones

El derecho al reconocimiento de las prestaciones prescribe a los cinco años desde el momento en que tenga lugar el hecho causante de la prestación, sin perjuicio de las excepciones determinadas en la ley y de que los efectos de tal reconocimiento se produzcan a partir de los tres meses anteriores a la fecha en que se presente la solicitud. El derecho a la jubilación y a las prestaciones por muerte y supervivencia, con excepción del auxilio por defunción, es imprescriptible.

Prestación familiar de modalidad contributiva

Prestación familiar que consiste en que el primer año de excedencia con reserva de puesto de trabajo del período de excedencia que los trabajadores, de acuerdo con la legislación aplicable, disfruten en razón del cuidado de cada hijo, natural o adoptado, o de menor acogido, en los supuestos de acogimiento familiar permanente o preadoptivo, o por cuidado de otros familiares, tendrá la consideración de período de cotización efectiva, a efectos de las correspondientes prestaciones de la Seguridad Social por jubilación, incapacidad permanente, muerte o supervivencia y maternidad. Dicho período considerado como de cotización efectiva tendrá una duración de 15 meses si la unidad familiar de la que forma parte el menor en razón de cuyo cuidado se solicita la excedencia tiene la consideración de familia numerosa categoría general, o de 18 meses si tiene la de categoría especial.

Prestación familiar por hijo o menor acogido a cargo

(Véase "Asignación económica por hijo o menor acogido a cargo")

Prestación familiar por nacimiento o adopción de hijos, en supuestos de familias numerosas, monoparentales y en casos de madres con discapacidad

Prestación familiar económica de pago único a tanto alzado (1.000 euros) y de modalidad no contributiva, que tiene por objeto compensar, en parte, el aumento de gastos que produce el nacimiento o la adopción de un hijo en una familia numerosa o que, con tal motivo, adquiera dicha condición, en una familia monoparental o en los supuestos de madres que padezcan una discapacidad igual o superior al 65 por ciento.

Prestación familiar por parto o adopción múltiples

Prestación familiar económica de pago único que tiene por objeto compensar en parte, el aumento de gasto que produce en las familias, el nacimiento por parto o adopción múltiples, (dos o más hijos). Según el número de hijos nacidos o adoptados (2, 3, 4 y más), la cuantía de la prestación es, respectivamente, 4, 8 y 12 veces el salario mínimo interprofesional.

Prestación no económica por hijo a cargo

Beneficio de los trabajadores por cuenta ajena, incluidos en el ámbito de aplicaicón del Sistema de Seguridad Social consistente en considerar como período de cotización efectiva el primer año de excedencia laboral, con reserva del puesto de trabajo, para el cuidado de hijos, ya lo sean por naturaleza como por adopción y acogimiento, tanto preadoptivo como permanente.

Prestaciones devengadas y no percibidas

Se denominan así aquellas prestaciones reconocidas cuyo pago no se ha efectuado al beneficiario, bien porque éste ha fallecido, o bien porque no se ha presentado a hacerlas efectivas. En el primer caso, el abono se hace a los herederos por derecho civil, generalmente mediante un procedimiento seguido ante la Dirección Provincial del INSS. En el segundo caso el derecho al percibo caduca al año de su vencimiento.

Prestaciones económicas

Derechos de contenido dinerario que corresponden al beneficiario cuando concurren las condiciones exigidas para su adquisición.

Presunción de alta

(Véase -Alta de pleno derecho-)

Primas de accidentes de trabajo y enfermedades profesionales

Cuotas pagadas para cubrir los riesgos de accidentes de trabajo y enfermedades profesionales. Son diferentes para las distintas actividades, industrias y tareas. Está fijada una tarifa de porcentajes aplicables para determinar las primas.

Principio de igualdad de retribución

En Derecho comunitario, implica para un mismo trabajo o para un trabajo al que se atribuye un mismo valor, la eliminación, en el conjunto de los elementos y condiciones de retribución, de cualquier discriminación por razón de sexo.

Procedimiento administrativo

Conjunto de actuaciones y trámites regulados por la ley, encaminados a la formulación de actos de las Administraciones Públicas, sobre materias que son de su competencia.

Proceso laboral

Conjunto de actuaciones y trámites judiciales ante los Tribunales y Juzgados de lo Social, dirigidas a la resolución de los litigios entablados por las partes (trabajador, empresario, Organismo de la Seguridad Social, etc) desde la presentación de la demanda hasta la ejecución de la sentencia.

Programas sociales para trabajadores del mar

Actividades que desarrolla el Instituto Social de la Marina dirigidas al bienestar de los trabajadores del mar y sus beneficiarios, así como la asistencia de estos en puertos nacionales y extranjeros.

Prorrata témporis

(Ver Convenio Internacional)

Prórroga de efectos de la incapacidad temporal

Cuando la extinción de la incapacidad temporal se produce por el transcurso del plazo máximo fijado legalmente o por alta médica con declaración de incapacidad permanente, los efectos de la situación de incapacidad temporal se prorrogan hasta el momento de la calificación de incapacidad permanente, en cuya fecha se inician las prestaciones económicas de esta, salvo que las mismas sean superiores a las que venía percibiendo el trabajador, en cuyo caso se retrotraerán aquéllas al momento en que se haya agotado la incapacidad temporal. No obstante, en los casos en que, continuando la necesidad de tratamiento médico, la situación clínica del interesado hubiera hecho aconsejable demorar la calificación, retrasándola por el periodo preciso (no más de los 30 meses), los efectos de la situación de incapacidad temporal se prorrogarán hasta el momento de la calificación de la incapacidad permanente, en cuya fecha se iniciarán las prestaciones económicas de esta.

Protección familiar

Asignaciones o prestaciones económicas de las que son beneficiarias las personas integradas o no en la Seguridad Social, para cubrir situaciones de necesidad económica o de exceso de gastos producidos por la existencia de responsabilidades familiares y el nacimiento de hijos en determinados casos. Pueden consistir en asignación económica por hijo o menor acogido a cargo, prestación económica por nacimiento o adopción de tercer o sucesivos hijos, prestación económica por parto o adopción múltiples y prestación no económica (consideración de periodos de excedencia cotizados) por cuidado de hijo o menor acogido a cargo o por cuidado de otros familiares.

Prótesis

Aparato o dispositivo quirúrgico u ortopédico que puede ser proporcionado como prestación sanitaria o dar lugar a la concesión de ayudas en los casos y según los baremos que reglamentariamente se establezcan.

Providencia

Resolución judicial de cuestión de trámite que no exige fundamentos jurídicos.

Providencia judicial

Decisión del juez o del tribunal que tiene por objeto la ordenación material del proceso.

Readmisión

Efecto que deriva del despido declarado nulo por discriminación o violación de derechos fundamentales o en los demás casos de resolución del contrato por voluntad del empresario declarada nula por idéntica causa o por defectos formales, que se concreta en la obligatoria reincorporación del trabajador a su puesto de trabajo en las mismas condiciones que venía disfrutando con anterioridad a la resolución contractual.

Recargo de apremio

Es el porcentaje de recargo que se aplica a los recursos de la Seguridad Social que se ingresen después de iniciada la vía ejecutiva. Es incompatible con el recargo de mora.

Recargo en las prestaciones

Es el porcentaje de incremento (entre un 30 y un 50 por 100) que recae sobre las prestaciones económicas derivadas de riesgos profesionales, por haber existido falta de medidas de prevención de riesgos profesionales establecidas en las normas del orden social. El responsable del recargo es el empresario infractor.

Recargos

Porcentajes que incrementan el importe de las deudas con la Seguridad Social cuando no se hayan ingresado en el plazo reglamentario establecido. El porcentaje del recargo variará en función del momento del ingreso efectivo de las deudas. Hasta el 1 de junio de 2004, recargo de mora (vía voluntaria) o de apremio (vía ejecutiva).

Recargos por mora

Son incrementos variables de las cuotas y deudas con la Seguridad Social cuando no se han ingresado dentro del plazo reglamentario establecido al efecto.

Recaudación

Consiste en el ejercicio por la Tesorería General de la Seguridad Social de las actuaciones administrativas necesarias para la realización e ingreso de las cuotas, créditos y derechos que corresponden a la misma.

Reclamación de deuda

Reclamación formal de la TGSS cuando el plazo reglamentario de ingreso ha vencido sin efectuarse el pago. El importe experimenta el incremento del recargo de mora.

Reclamación previa

Escrito presentado ante la Administración de la Seguridad Social, con carácter previo a acudir a la vía judicial, en el que se solicita la modificación o revocación de un acto administrativo.

Reconvención

Pretensión que formula el demandado contra el actor, aprovechando la oportunidad del proceso iniciado por éste. Se interpone al tiempo de contestar la demanda, pero es una acción independiente, pasando el demandado a ser demandante contra el primitivo actor.

Recurso

Reclamación que se hace ante un órgano administrativo, o ante un juez o tribunal, que dictó una resolución, o ante otro superior, por no estar conforme con ella, con el fin de que se reforme o revoque.

Régimen agrario

Tiene dentro de su campo de aplicación aquellos trabajadores que realizan de forma habitual y como medio fundamental de vida labores agrarias, forestales o pecuarias dentro del territorio nacional.

Regímenes de la seguridad social

La estructura del Sistema de la Seguridad Social está integrada por el Régimen General y los Regímenes Especiales establecidos para algunas actividades profesionales por su naturaleza, sus peculiares condiciones de tiempo y lugar, o por la índole de sus procesos productivos. En la actualidad son Regímenes Especiales los de Trabajadores del Mar, Minería del Carbón, Agrario, Trabajadores por cuenta propia o Autónomos, Empleados del Hogar y Estudiantes (este último muy poco desarrollado).

Registro de prestaciones sociales públicas

Registro unificado, cuya gestión y funcionamiento corresponde al INSS, en el que se integran las prestaciones sociales públicas de carácter económico, destinadas a personas o familias (ya sean de clases pasivas del Estado, de la Seguridad Social, de las entidades sustitutorias, de regímenes de previsión de Comunidades Autónomas, Corporaciones Locales, y en general de entes que se financien en todo o en parte con recursos públicos), a efectos de determinar su incompatibilidad y la fijación de límites máximos. Anualmente, se publica el catálogo de organismos, entidades y empresas incluidas en el Registro.

Reglamento comunitario

Norma de alcance general, obligatoria en todos sus elementos y directamente aplicable en cada Estado miembro. Produce efectos sin la intervención de las autoridades nacionales y puede ser alegado por los particulares en sus relaciones jurídicas.

Reintegro

Obligación de devolver el importe de las prestaciones percibidas indebidamente por los beneficiarios. Esta obligación prescribe a los 4 años, contados a partir de su cobro, o desde que fue posible ejercitar la acción para exigir su devolución.

Renta activa de inserción

Dentro de la acción protectora por desempleo y con el régimen financiero y de gestión determinado para aquella por la Ley General de la Seguridad Social, se ha establecido una ayuda específica denominada renta activa de inserción, dirigida a los desempleados con especiales necesidades económicas y dificultad para encontrar empleo que adquieran el compromiso de realizar actuaciones favorecedoras de su inserción laboral.

Reparto

Sistema de financiación de la Seguridad Social conforme al cual los ingresos y las cotizaciones de todos los afiliados del Sistema cubren los gastos de las prestaciones y subsidios de los beneficiarios, en ciclos anuales.

Representante de comercio

Trabajador que interviene en operaciones mercantiles por cuenta de uno o varios empresarios, sin asumir el riesgo y ventura de las operaciones que realiza, a cambio de una retribución.

Resolución administrativa

Acto administrativo que decide las cuestiones que plantean los interesados ante la Administración.

Resolución judicial

Acto de los tribunales y juzgados dictados en el proceso, que reciben el nombre de providencias, autos y sentencias.

Responsabilidad de las prestaciones

Régimen jurídico a través del cual se determina el sujeto obligado en cada caso al pago de una prestación. Por regla general la responsabilidad recae sobre la Entidad Gestora, Mutua Colaboradora con la Seguridad Social, o empresa colaboradora, cuando ha habido cumplimiento de los requisitos exigidos. No obstante, cuando éstos se incumplen (faltas de afiliación, alta y cotización) la responsabilidad puede imputarse también al empresario incumplidor.

Retiro obrero obligatorio

Seguro Social de carácter obligatorio, hoy extinguido, creado en 1919, para asalariados entre 16 y 65 años cuya retribución no superase un determinado límite y en el que se concebía la vejez como invalidez por edad. En virtud de norma transitoria, quienes hubiesen figurado afiliados al Retiro Obrero Obligatorio, conservan actualmente el derecho a causar las prestaciones del Seguro Obligatorio de Vejez e Invalidez (SOVI), con arreglo a las condiciones exigidas por la legislación del mismo, y siempre que los interesados no tengan derecho a ninguna pensión con cargo a los Regímenes que integran el Sistema de la Seguridad Social.

Retribución en especie

Es la remuneración consistente en la prestación de determinados servicios o beneficios, tales como manutención, alojamiento, casa - habitación, o cualquier otro suministro.

Retroactividad

Aplicación de una ley nueva a situaciones anteriores a su entrada en vigor, por resultar más beneficiosa para el interesado.

Revalorización

Actualización de las pensiones de la Seguridad Social en su modalidad contributiva, al comienzo de cada año, en función del correspondiente índice de precios al consumo previsto para dicho año.

Revisión de la incapacidad

Nuevo examen y calificación de la incapacidad permanente, promovido por el INSS, o por el propio interesado, las entidades colaboradoras, los empresarios responsables de las prestaciones, los responsables subsidiarios o solidarios, por agravación, mejoría o error del diagnóstico del estado invalidante, en tanto que el incapacitado no haya cumplido la edad de 65 años.

Riesgo durante el embarazo

Suspensión del contrato o cese en la actividad que da lugar a una prestación económica que consiste en un subsidio equivalente al 100 por 100 de la base reguladora, que será la establecida para la prestación de incapacidad temporal derivada de contingencias profesionales, para proteger la salud de la trabajadora embarazada o del feto durante el período de suspensión del contrato de trabajo o de la actividad en los supuestos en que, debiendo la mujer trabajadora cambiar de puesto de trabajo por otro compatible con su estado, dicho cambio de puesto no resulte técnica u objetivamente posible, o no pueda razonablemente exigirse por motivos justificados. Se trata de riesgos profesionales por incompatibilidad entre el trabajo y el hecho biológico del embarazo.

Salario mínimo interprofesional

El que con tal carácter señala el Gobierno anualmente conforme al Estatuto de los Trabajadores. Se aplica para todas las actividades sin distinción de sexo ni edad de los trabajadores. Incrementado con el prorrateo de las percepciones de vencimiento superior al mensual constituye la base mínima de cotización a la Seguridad Social.

Sanidad marítima

Programa que comprende las actuaciones sanitarias preventivas y asistenciales específicas dirigidas a los trabajadores del mar, fundamentalmente reconocimientos médicos, previos al embarque, formación sanitaria, Centro Radio-Médico, Centros Asistenciales en el extranjero y Buques Sanitarios.

Seguro escolar

Creado por Ley en 1953 y previsto en la Ley General de la Seguridad Social como un Régimen Especial para los estudiantes, que sin embargo no ha llegado a desarrollarse del todo. Alcanza a los matriculados en centros oficiales desde la enseñanza secundaria hasta la universitaria y, como máximo, hasta los 28 años. La exigua cuota se abona junto con la matrícula y comprende prestaciones sanitarias y económicas de escasa cuantía.

Seguro obligatorio de vejez e invalidez (SOVI)

En el año 1939, el Retiro Obrero se transformó en subsidio de vejez; ocho años más tarde (1947), este subsidio se convierte en Seguro de Vejez e Invalidez (SOVI) y, finalmente, en 1955 se añade la protección de la viudedad. Mantiene pervivencia actualmente, en virtud de norma transitoria, para quienes en 1 de enero de 1967, cualquiera que fuese su edad en dicha fecha, hubiesen tenido cubierto el periodo de cotización exigido por dicho Seguro o que, en su defecto, hubiesen figurado afiliados al extinguido Régimen de Retiro Obrero Obligatorio, conservando el derecho a causar las prestaciones del primero de dichos Seguros, con arreglo a las condiciones exigidas por la legislación del mismo, y siempre que los interesados no tengan derecho a ninguna pensión a cargo de los Regímenes que integran el Sistema de la Seguridad Social; entre tales pensiones se entienden incluidas las correspondientes a las entidades sustitutorias integradas en dicho Sistema.

Sentencia

Resolución que decide definitivamente el pleito cuando, según las leyes procesales, deba revestir esta forma.

Separación

Suspensión de la vida conyugal que no extingue el matrimonio como el divorcio, pero da derecho a la pensión de viudedad en cuantía proporcional al tiempo vivido con el fallecido.

Servicio Público de Empleo Estatal

Es el Organismo Autónomo, dotado de personalidad jurídica propia para el cumplimiento de sus fines y adscrito al Ministerio competente en Trabajo, a través de la Secretaría de Estado de Trabajo, que tiene como principales competencias la gestión y el control de las prestaciones por desempleo; mantener las bases de datos que garanticen el registro público de ofertas, demandas y contratos; mantener el observatorio de las ocupaciones y elaborar las estadísticas en materia de empleo a nivel estatal; llevar a cabo investigaciones, estudios y análisis sobre la situación del mercado de trabajo y los instrumentos para mejorarlo, en colaboración con las respectivas Comunidades Autónomas y colaborar con las Comunidades Autónomas en la elaboración del Plan nacional de acción para el empleo, ajustado a la Estrategia Europea de Empleo, y del programa anual de trabajo del Sistema Nacional de Empleo.

Servicios sociales

Prestaciones en materia de reeducación y rehabilitación de inválidos, asistencia a la tercera edad, asistencia social y en otras competencias del IMSERSO.

Sistema red

Remisión Electrónica de Datos por la que se posibilita el envío de los datos relativos a la inscripción de empresas, afiliación, altas y bajas de trabajadores, así como de cotización y recaudación a través de medios electrónicos, informáticos y telemáticos, de acuerdo con las disposiciones establecidas al efecto.

Sistemas especiales

Expresión que se usa para designar, dentro del Régimen General a los colectivos afectados por peculiaridades en materia de encuadramiento, afiliación, forma de cotización o recaudación (frutas y hortalizas, resina, conservas vegetales, etc.).

Situación asimilada al alta

Para causar derecho a las prestaciones es requisito necesario estar afiliado y en alta. No obstante, diversas disposiciones legales establecen situaciones asimiladas por circunstancias especiales del trabajador, tales como el desempleo, la excedencia forzosa por servicio militar o prestación social sustitutoria, el traslado del trabajador por la empresa fuera del territorio nacional, etc. La incapacidad temporal, la maternidad, y la huelga pueden considerarse equivalentes a esta situación.

Sucesión de empresa

Es el cambio de titularidad operado entre una empresa, cedente, persona física o jurídica que pierde la condición de empresario, y otra, denominada cesionaria, también persona física o jurídica que adquiere aquella condición respecto de la unidad productiva transmitida. El cambio titular puede producirse bien por un negocio \\"inter-vivos\\" que puede consistir en una venta, cesión, traspaso... o bien, puede obedecer a un acto \\"mortis causa\\", cuando la muerte del empresario no conlleva la extinción de la relación laboral, sucediendo una persona (heredero, legatario…) a aquel en su posición. Existe también sucesión de empresa en los casos de jubilación o incapacidad del empresario cuando se den los requisitos que a continuación exponemos.

Sujeto causante

Persona a la que, estando comprendida en el campo de aplicación de la Seguridad Social, el Estado, por medio de esta, le garantiza, por cumplir los requisitos exigidos en las modalidades contributiva o no contributiva, así como a los familiares o asimilados que tuviera a su cargo, la protección adecuada frente a las contingencias y en las situaciones que se contemplan en la Ley.

Sujeto obligado

Persona natural o jurídica a la que la normativa impone las obligaciones de solicitar la afiliación y comunicar las altas y las bajas y de realizar aportaciones a la Seguridad Social.

Sujeto protegido

Toda persona física incluida en el ámbito de protección del Sistema de la Seguridad Social.

Sujeto responsable de ingreso

Persona natural o jurídica a la que la normativa vigente impone la obligación de realizar el ingreso de las cotizaciones. En los regímenes por cuenta ajena es responsable de ingreso la empresa.

Supervivientes

Familiares que sobreviven al sujeto causante fallecido, que pueden acceder a las prestaciones por muerte y supervivencia determinadas por la Ley, si reúnen las condiciones exigidas para ello.

Suplicación (recurso de)

Es el que se interpone ante las Salas de lo Social de los Tribunales Superiores de Justicia contra determinadas sentencias dictadas por los Juzgados de lo Social de su circunscripción.

Tarjeta sanitaria europea

Es el documento que emite el INSS o el ISM, en aplicación de los Reglamentos Comunitarios de Seguridad Social, con carácter independiente (es personal e intransferible) y que permite el acceso de sus titulares a los servicios sanitarios de la red sanitaria pública en el Estado miembro de estancia, ya sea por motivos de trabajo, estudios, turismo, etc. No obstante, cuando el desplazamiento a otro país distinto al de aseguramiento se realiza para recibir tratamiento médico, debe obtenerse el formulario E112 (supuesto de enfermo autorizado).

Tarjeta sanitaria individual

Documento administrativo que las Administraciones sanitarias autonómicas y el Instituto Nacional de Gestión Sanitaria emiten, con soporte informático, a las personas residentes en su ámbito territorial que tengan acreditado el derecho a la asistencia sanitaria pública. La tarjeta sanitaria individual emitida por cualquiera de las Administraciones sanitarias competentes será válida en todo el Sistema Nacional de Salud, y permitirá el acceso a los centros y servicios sanitarios del sistema en los términos previstos por la legislación vigente. Su validez y utilización se restringe únicamente al territorio nacional.Con objeto de disponer de datos normalizados de cada persona, en su condición de usuario del Sistema Nacional de Salud, independientemente del título por el que accede al derecho a la asistencia sanitaria y de la Administración sanitaria emisora, todas las tarjetas sanitarias incorporan una serie de datos básicos comunes y estarán vinculadas a un código de identificación personal único para cada ciudadano en el Sistema Nacional de Salud.La tarjeta sanitaria individual contendrá, de manera normalizada y de forma visible, los siguientes datos: Administración sanitaria emisora de la tarjeta; apellidos y nombre del titular de la tarjeta; código de identificación personal asignado por la Administración sanitaria que emite la tarjeta; modalidad de la prestación farmacéutica y leyenda que informa de su validez en todo el Sistema Nacional de Salud: «Esta tarjeta le permite el acceso a los servicios de todo el Sistema Nacional de Salud».

Técnico en prevención de riesgos laborales

Sus funciones son evaluar, según competencia técnica y especialización, los riesgos laborales identificando y valorando los posibles riesgos existentes en el centro o puesto de trabajo. Diseñar, aplicar y coordinar planes y programas de actuación preventiva a partir de la evaluación de riesgos. Determinar prioridades en la adopción de medidas preventivas (correctivas) atendiendo a la magnitud y probabilidad del riesgo, y efectuar la vigilancia de su eficacia. Proponer contenidos y frecuencia de la información, formación que deba darse a los trabajadores con relación a los riesgos existentes en sus puestos de trabajo. Disponer de procedimiento de actuación en caso de emergencia atendiendo a la elaboración de planes de emergencia y la prestación de primeros auxilios. Colaborar en la ejecución de actividades preventivas o en el seguimiento de posibles prestaciones concertadas con entidades externas (Mutuas o Servicios de Prevención ajenos). Conocer, actualizar, difundir y aplicar la normativa sobre prevención de riesgos laborales que afecte al tipo de actividad desarrollada o a los riesgos existentes en la empresa.

Terrorismo

Las pensiones (de invalidez o de muerte y supervivencia) causadas por actos de terrorismo tienen el carácter de pensiones extraordinarias, de regulación específica.

Tesorería General de la Seguridad Social

Servicio Común con personalidad jurídica propia en el que, por aplicación de los principios de solidaridad financiera y caja única, se unifican todos los recursos financieros. Tiene a su cargo la custodia de fondos, valores y créditos, y las atenciones generales de los servicios de recaudación de derechos y pagos de las obligaciones del Sistema de la Seguridad Social.

Tipo de contrato

Cada una de las formas que puede adoptar el acuerdo entre empresario y trabajador por el que éste se obliga a prestar determinados servicios por cuenta del empresario y bajo su dirección a cambio de una retribución.

Tipo de cotización

Porcentaje o tanto por ciento que, aplicado sobre la base de cotización, determina la cuota o cantidad que debe ingresarse en la Seguridad Social.

Tipos de jubilación

El marco jurídico de la jubilación presenta, dentro de la modalidad contributiva, diversas clases, tipos o posibilidades para causar las pensiones de jubilación. Así: jubilación parcial; anticipada por razón de la actividad profesional o por minusvalía; anticipada con la condición mutualista; anticipada sin la condición mutualista; especial a los 64 años; ordinaria a los 65 años; ordinaria con más de 65 años y gradual y flexible.

Tope de cobertura

Tope máximo de las prestaciones, importe máximo o límite de la cuantía de las prestaciones que, en ningún caso, podrá exceder del 100% de la base reguladora, salvo en los supuestos de recargo por falta de medidas de seguridad, gran invalidez y en las pensiones extraordinarias originadas por actos terroristas. Se aplica también el término para referirse a la cuantía máxima o tope de cobertura que fija anualmente la Ley de Presupuestos Generales del Estado.

Tope máximo de cotización

Importe máximo por el que se permite cotizar al Sistema de la Seguridad Social, fijado anualmente por el Gobierno.

Tope mínimo de cotización

Importe por debajo del cual no se permite cotizar a la Seguridad Social. Dicho importe se fija anualmente por el Gobierno.

Trabajador

Toda persona natural que realiza una actividad por cuenta propia o ajena que determina su iclusión en el campo de aplicación de los regímenes que componen el Sistema de la Seguridad Social.

Trabajador a tiempo parcial

Persona que celebra un contrato de trabajo en el que se acuerda la prestación de servicios durante un número de horas al día, a la semana, al mes o al año inferior a la jornada de trabajo de un trabajador a tiempo completo comparable, (misma empresa y centro de trabajo, con el mismo tipo de contrato de trabajo y un trabajo idéntico o similar). Puede concertarse por tiempo indefinido o por duración determinada.

Trabajador asimilado a cuenta ajena

Aquel que se encuentra en determinados supuestos tipificados mediante normativa en los que producido el cese temporal o definitivo en la actividad laboral, la Ley estima que debe conservarse la situación de alta real en que se encontraba con anterioridad al cese.

Trabajador de temporada

En Derecho comunitario, designa a todo trabajador por cuenta ajena que se desplaza al territorio de un Estado miembro distinto de aquél donde reside, con el fin de efectuar allí, por cuenta de una empresa o de un empresario de este Estado, un trabajo de carácter estacional cuya duración no podrá sobrepasar en ningún caso ocho meses si permanece en el territorio de dicho Estado mientras dura su trabajo; por trabajo de carácter estacional se entiende un trabajo que depende del ritmo de las estaciones y que se repite automáticamente cada año.

Trabajador desplazado

Aquel que es enviado por su empresa a otro país, temporalmente, para realizar una actividad laboral.

Trabajador fronterizo

Todo trabajador que ejerza su actividad profesional en el territorio de un Estado miembro y resida en el territorio de otro Estado miembro, al que regrese en principio cada día o al menos una vez por semana; sin embargo, el trabajador fronterizo que esté destacado por la empresa de la que depende normalmente, en el territorio del mismo Estado miembro o de otro Estado miembro, conservará la calidad de trabajador fronterizo durante un tiempo que no excederá de cuatro meses, aun cuando durante su estancia como destacado no pueda regresar cada día o al menos una vez por semana, al lugar de su residencia.

Trabajador por cuenta ajena

Es aquel que presta servicios en las distintas ramas de la actividad económica, con independencia del tipo de contratación, de la categoría profesional, de la forma y cuantía de la remuneración o de la naturaleza de su relación laboral.

Trabajador por cuenta propia

(Véase"Autónomos")

Unidad económica de convivencia

Para determinar el requisito de carencia de rentas o ingresos suficientes, a efectos de acceder a las pensiones de jubilación e invalidez de modalidad no contributiva, es preciso comprobar si el beneficiario convive o no con otros familiares. Existe unidad económica de convivencia en todos los casos en que el beneficiario conviva con otras personas, sean o no beneficiarias, unidas con él por matrimonio o por lazos de parentesco de consanguinidad hasta el segundo grado.

Unión Europea

La Unión Europea (UE) es una familia de países europeos democráticos, que se han comprometido a trabajar juntos en aras de la paz y la prosperidad. No se trata de un Estado destinado a sustituir a los actuales Estados, pero es más que cualquier otra organización internacional. En realidad, la UE es única. Sus Estados miembros han creado instituciones comunes en las que delegan parte de su soberanía, con el fin de que se puedan tomar democráticamente decisiones sobre asuntos específicos de interés común, a escala europea. Esta unión de soberanías también se denomina -integración europea-. La UE cuenta con cinco instituciones, cada una de ellas con una función específica: Parlamento Europeo (elegido por los ciudadanos de los Estados miembros); Consejo de la Unión Europea (representa a los Gobiernos de los Estados miembros); Comisión Europea (motor y órgano ejecutivo); Tribunal de Justicia (garantiza el cumplimiento de la ley); Tribunal de Cuentas (efectúa el control de la legalidad y la regularidad de la gestión del presupuesto de la UE). Estas instituciones están acompañadas de otros cinco importantes organismos: Comité Económico y Social Europeo (expresa la opinión de la sociedad civil organizada respecto de cuestiones económicas y sociales); Comité de las Regiones (expresa las opiniones de las autoridades regionales y locales); Banco Central Europeo (responsable de la política monetaria y de la gestión del euro); Defensor del Pueblo europeo (se ocupa de las denuncias de los ciudadanos sobre la mala gestión de cualquier institución u organismo de la UE); Banco Europeo de Inversiones (contribuye a lograr los objetivos de la UE financiando proyectos de inversión). El Estado de Derecho es fundamental para la Unión Europea. Todas las decisiones y procedimientos de la UE se basan en los Tratados, que son acordados por todos los países de la UE. Inicialmente, la UE estaba compuesta por solo seis países: Bélgica, Alemania, Francia, Italia, Luxemburgo y los Países Bajos. En 1973 se adhirieron Dinamarca, Irlanda y el Reino Unido; en 1981 se adhirió Grecia; en 1986 se adhirieron España y Portugal; y en 1995 se adhirieron Austria, Finlandia y Suecia. En 2004 tuvo lugar la mayor ampliación, con la adhesión de 10 nuevos países. En los primeros años de su existencia, gran parte de la cooperación entre los países de la UE se refería al comercio y la economía, pero en la actualidad la UE también trata otros muchos temas con repercusión directa en nuestra vida cotidiana, tales como los derechos de los ciudadanos; la garantía de la libertad, la seguridad y la justicia; la creación de puestos de trabajo; el desarrollo regional; la protección del medio ambiente; la creación de la globalización en beneficio de todos.

Vacaciones

El derecho a vacaciones se disfruta proporcionalmente al tiempo trabajado sin necesidad de que transcurra un año. El periodo que le correspondería se calcula teniendo en cuenta que el periodo completo de vacaciones previsto en el Estatuto de los Trabajadores es como mínimo de 30 días naturales por año de trabajo, por lo tanto disfrutaría por cada mes trabajado dos días y medio de vacaciones, salvo que en su convenio colectivo tenga estipulado un periodo vacacional superior.

Vejez

(Ver jubilación)

Viudedad

Estado civil que otorga el derecho a prestación de la Seguridad Social en determinadas circunstancias y en la cuantía que corresponda.

BIBLIOGRAFÍA
WEBGRAFÍA

Bibliografía

- CRUZ VILLALÓN, JESÚS, Compendio de derecho del trabajo, Tecnos.

- GARCÍA-PERROTE ESCARTÍN, IGNACIO, Manual de derecho del trabajo, Tirant Lo Blanch.

- CHARRO BAENA, PILAR Y SEMPERE NAVARRO, ANTONIO, El contrato de trabajo, Thomson.

- GOERLICH PESET, JOSÉ M., Contratación laboral y tipos de contrato: criterios jurisprudenciales, Lex Nova.

- Contratación laboral. Unidad formativa 0341, Centro de Estudios Adams.

WEBGRAFÍA

- **Servicio Público de Empleo Estatal (SEPE):**

  https://www.sepe.es/HomeSepe/

- **Seguridad Social:**

  http://www.seg-social.es/wps/portal/wss/internet/Inicio

- **Inspección de Trabajo y Seguridad Social:**

  https://www.mites.gob.es/itss/web/

- **Sistema RED:**

  http://www.seg-social.es/wps/portal/wss/internet/InformacionUtil/5300/1490

- **Aplicación Contrat@**

  https://www.sepe.es/HomeSepe/empresas/servicios-para-empresas/comunica-contratacion.html